Hans-Arved Willberg

Cantus firmus - Weihnachtskreis

Hans-Arved Willberg

Cantus firmus - Weihnachtskreis

Zwischen Klage und Hoffnung - tägliche Meditationen in der Krise: Band 1

Fromm Verlag

Impressum/Imprint (nur für Deutschland/ only for Germany)
Bibliografische Information der Deutschen Nationalbibliothek: Die Deutsche Nationalbibliothek verzeichnet diese Publikation in der Deutschen Nationalbibliografie; detaillierte bibliografische Daten sind im Internet über http://dnb.d-nb.de abrufbar.

Coverbild: www.ingimage.com

Contact:
International Book Market Service Ltd., 17 Rue Meldrum, Beau Bassin, 1713-01 Mauritius
Website: www.bookmarketservice.com
Email: info@bookmarketservice.com

Gedruckt in: USA, UK, Deutschland. Dieses Buch wurde nicht in Mauritius produziert.

Imprint (only for USA, GB)
Bibliographic information published by the Deutsche Nationalbibliothek: The Deutsche Nationalbibliothek lists this publication in the Deutsche Nationalbibliografie; detailed bibliographic data are available in the Internet at http://dnb.d-nb.de.

Cover image: www.ingimage.com

Contact:
International Book Market Service Ltd., 17 Rue Meldrum, Beau Bassin, 1713-01 Mauritius
Website: www.bookmarketservice.com
Email: info@bookmarketservice.com

Printed in: U.S.A., U.K., Germany. This book was not produced in Mauritius.

ISBN: 978-3-8416-0300-5

Inhalt

Zur Einführung

Wie es mir gehe, wollte sie wissen, als ich mich nach unserer gemeinsamen Abendmahlsfeier von ihr verabschiedete. Ich reagierte unsicher: Ich möchte nicht unüberlegt „danke, gut!" sagen, wenn ich ernsthaft gefragt werde. Wie geht es mir denn wirklich? Doch, es gibt starke Gründe dafür, „schlecht" zu sagen. Ist es so? Gerade hatte ich dankbar Wein und Brot genommen. Ich fühlte mich geborgen in der Abendmahlsgemeinschaft, wie daheim. Es tat gut - ich freute mich. Der überraschenden Frage wegen kam ich aber ins Zweifeln, irritierend geriet mir der Schatten des Unerfreulichen in den Blick und für einen Moment blieb ich daran haften. Aber dann war die Freude wieder da. „Danke, sehr gut!" antwortete ich aus ehrlichem Herzen.

Es gab für mich viel Unerfreuliches in den letzten Jahren. Nur in den letzten Jahren? Manchmal scheint es, als stünde über meinem ganzen Leben ein Unheilsstern. Meine Kindheit war nicht unglücklich, aber als ungeplanter Nachzügler mit sechs großen Geschwistern hatte ich sehr oft das Nachsehen. Mein Vater litt schon früh an Alzheimerdemenz. Meine liebe und unglaublich tapfere Mutter hatte drei alte Menschen, meinen Vater, ihre eigene Mutter und deren Freundin, die mit ihr zusammen wohnte, zu begleiten und bald auch zu pflegen. Die Freundin meiner Großmutter wurde hochgradig dement, meine Großmutter zumindest wunderlich. Und irgendwie musste meine Mutter, selbst nicht mehr die Jüngste, mit mir, dem Kleinen, und dem sechs Jahre älteren Bruder auch noch zurechtkommen. Die ersten Jahre ging noch alles gut mit mir und meine Erinnerungen sind überwiegend schön. Aber als ich dann im Gymnasium war und die Pubertät in mir rumorte, riss bald der Faden. Höchst unsensible Lehrer taten das ihre dazu. Mit 14 rauchte ich zum ersten Mal Haschisch, mit 15 verließ ich ohne Abschluss die Schule, mit 19 war ich ein seelisches Wrack und lebte in einer mehr oder weniger ständigen LSD-Psychose. Mit 20 brach die Ernüchterung in den Wahn hinein - ich erlebte das als ein sehr unmittelbares Eingreifen Gottes. Ich wachte auf. Ich wusste kaum, wer ich war, und noch viel weniger, welche Potenziale in mir steckten. Tiefer Schmerz erfüllte mich, wenn ich erlebte, dass 15jährige mir in vielem voraus waren. Begreiflicherweise litt ich in den folgenden Jahren unter starken Selbstzweifeln und mein Selbstbewusstsein war schwach. Ich spürte, wie das Leben sich in mir regte, wie meine Gaben sich entfalten wollten, und litt unsäglich an meiner Begrenztheit. In allem, was mir lieb und wichtig wurde, reichte meine Leistung nicht hin. Trotzdem: Mehr und mehr fand ich zu meiner Identität. Aber dann kamen neue schlimme Erfahrungen im Beruf: Eine brutale Ablehnung ohne nachvollziehbare Begründung nach einer erfolgreichen Vorbereitungszeit für den Missionsdienst. Ich fiel aus allen Wolken und verstand die Welt nicht mehr. Ich war bereits junger Familienvater. Wir mussten uns völlig neu orientieren. Eine Kette weiterer Schwierigkeiten und Enttäuschungen über die Jahre hinweg schloss sich an. Meine Frau reagierte zeitweise mit Depression und sie hatte gute Gründe dafür. Zwischendurch erlebten wir hoffnungsvolle Lichtblicke, auf die aber nur um so schwerere Enttäuschungen folgten. Im Beruf wurde ich allein gelassen und unter Druck gesetzt. Jahrelang ging ich mit Angst und unterdrückter Wut zur Arbeit. Ich wusste nicht, wie ich mich wehren sollte, denn ich hatte es nie gelernt. Als das Nesthäkchen der Familie hatte ich nie etwas anders erlebt, als in allen Dingen unterlegen zu sein. „Gegen die Großen hast du niemals eine Chance“: Für den kleinen Hans-Arved war das eine Erfahrungstatsache, dem mittlerweile erwachsenen hatte es sich tief eingebrannt. Die „Großen“ in meinem späteren Leben taten wenig dazu, mich das Gegenteil glauben zu lassen. Oder war ich nur einfach an die Falschen geraten? Manchmal kam ich mir vor wie in einem Albtraum. Ich mochte es nicht glauben, dass sich Menschen mit Macht und Autorität wirklich so verhalten. Ich mochte es vor allem darum nicht glauben, weil es sehr fromme Christen waren.

Schließlich machte ich mich selbständig. Jetzt war ich zwar mein eigener Herr, aber nun fingen auch die wirtschaftlichen Probleme an. Ein neues großes Enttäuschungskapitel tat sich mir auf: „Gleichgültigkeit“ oder „Verschlossene Türen“ könnte man es überschreiben. Für meine Selbständigkeit brachte ich als mittlerweile gut profilierter, lebenserfahrener und seiner selbst inzwischen ungleich besser bewusster Theologe, Berater und Dozent mit manchen guten und wichtigen Kontakten gute Voraussetzungen mit. Ich war fleißig, teamfähig, lernbereit und, je länger je mehr, theoretisch und praktisch sehr gut qualifiziert. Ich schrieb ein Buch nach dem anderen. Ich versuchte alles Mögliche, um wirtschaftlich Fuß zu fassen. Ich klopfte an unendlich viele Türen. Ich glaubte fest, dass Gott sich erbarmen würde. Ich betete und hoffte. Immer wieder war ich sehr deprimiert, aber nie gab ich auf. Meine Kindheitserfahrung schien sich eindrucksvoll zu bestätigen: „Du bist nicht wichtig, du wirst nicht gebraucht; wenn du Glück hast, darfst du mal mitmachen, wenn du Pech hast, bist du lästig“. Und wieder waren es ganz überwiegend Christen. Nicht, dass ich noch auf sie fixiert gewesen wäre, aber unter ihnen hatte ich natürlich die meisten Kontakte, aus ihren Kreisen stammte ein Großteil meiner Klientel und vieles mehr, und nicht zuletzt: Aus meinem Glauben schöpfte ich meine Vision. Ich glaubte an das Leben, an die Liebe und an die Freiheit und an einen barmherzigen, absolut lebensfreundlichen Gott. Und ich glaubte daran, dass es Christen gibt, die nicht nur Tradition und Pfründe verwalten, Titel und Ämter horten, wichtigtuerisch auf die „Welt“ herabsehen, ihre Macht sichern, in elitäre Erhabenheiten abdriften, immer Recht haben müssen und was ich sonst noch so alles wahrgenommen hatte an Gottes Bodenpersonal im Lauf meines Glaubenslebens. Ich glaubte, dass es Christen gäbe (und dass sie mir begegnen würden!), die nicht nur auf der Höhe der Zeit wären, sondern ihr sogar voraus, Schöpfer wirklich innovativer Modelle der Menschlichkeit, Stifter und Protagonisten echter, menschlicher Gemeinschaft. Ich fand zu wenig davon.

Über all dem war meine Ehe brüchig geworden und schließlich brach sie entzwei. Obwohl ich als Paarberater genau weiß, dass einseitige Schuldzuweisungen in solchen Fällen kaum der Wahrheit entsprechen, wusste ich mich dennoch einseitig schuldig und bleibe auch gern dabei. Ein Nicht-Betroffener mag anders urteilen. Ich selbst sehe meine Verantwortung und relativiere sie nicht. Die Schuld und - wohl sogar noch ärger - die Scham bedrückten mich ungeheuer. Die äußeren Umstände kamen hinzu: Ich war abgeschnitten von einem Großteil meines bisherigen sozialen Umfelds. Ich zog aus unserer schönen Wohnung aus und lebte drei Jahre lang in grenzwertig engen und ärmlichen Verhältnissen. Ich stand mehrmals vor dem wirtschaftlichen Abgrund. Die Angst vor dem Ruin blieb mein ständiger Begleiter. Es war eine schlimme, extrem belastende Zeit.

Kein Wunder, dass auch mein Glaube in die Krise geriet. „Die Letzten werden die Ersten sein“, wusste ich aus der Bibel. Ich war ein Letzter. Die Einsicht schien sich mir ganz unmissverständlich aufzudrängen, dass dieser Zuspruch in meinem Fall nicht stimmte. Gott schien mir das Gegenteil beweisen zu wollen: Die Letzten werden die Allerletzten sein! Wie sollte ich denn meine Erfahrungen sonst vernünftig interpretieren? Scheidung: War das nicht das *Aller*letzte? Statt endlich einmal zu den Ersten erhoben zu werden, landete ich in der allertiefsten Erniedrigung. Nicht als Opfer, so dass man hätte sagen können: Ach ja, bei dieser bösen Frau... Nicht als Opfer, sondern als Versager und Schuldiger. Ja, das war wirklich das Allerletzte, womit ich gerechnet hätte. Ich kann mir kaum eine tiefere Demütigung vorstellen.

Die Meditationstexte dieses Buches stammen hauptsächlich aus der Zeit seit der Trennung von meiner Frau. Aber es sind auch einige Texte aus den Jahren davor dabei. Man wird kaum einen Bruch darin finden. Meine Alltagsthemen blieben ähnlich die Jahre hindurch. Die Probleme verschärften sich nur. Dementsprechend auch meine Klage.

Es gab einen wichtigen Wendepunkt in dieser Zeit: Ich hörte auf, mir die Fäuste an der verschlossenen Tür Gottes blutig zu schlagen. Ich verstand, dass ich etwas falsch machte: Ich kapierte, dass Gott „nein“ sagte und es auch so meinte. Weder erhörte er meine sehr konkreten und sehr beharrlichen und sehr erwartungsvollen Bitten, mich aus der Not zu retten, noch tröstete er mich. Die Klagepsalmen der Bibel blieben die einzigen Stellen, die mir noch aus dem Herzen sprachen. Zum Beispiel der Psalm in Jesaja 63,15-17: „Deine große, herzliche Barmherzigkeit hält sich hart gegen mich. Warum lässt du uns, HERR, abirren von deinen Wegen?" Es gibt etliche Klagepsalmen *ohne* den berühmten zweiten Teil des Dankens und Lobens dafür, dass Gott doch endlich eingelenkt hat. Mit diesen Psalmen und nur noch mit diesen identifizierte ich mich ganz. Bei allem Tröstlichen wusste ich: Ja, das mag schon gelten - aber nicht für mich. Es gilt für seine Lieblinge, die „richtig Bekehrten" und „Geisterfüllten". Und dann sah ich bestimmte sehr fromme Menschen vor mir mit ihren großartigen „Zeugnissen". Und hasste sie. Wenn solche Gedanken in mir aufstiegen, reagierte ich hoch depressiv. Denn sie verbanden sich mit dem Bild des „gütigen Vaters", der seine exklusiven Lieblinge zur Tischgemeinschaft um sich schart: Die wahren Frommen! Und natürlich, wie es sich gehört, unter ihnen auch „richtige" (ehemalige!) Sünder. Zum Zeugnisgeben. Für die himmlische Performance, die große Show der Auserwählten. Ohne mich und meinesgleichen. Da waren sie wieder - und da waren sie am Ziel, die Großen, gegen die ich nun einmal kraft Bestimmung keine Chance hatte. Natürlich haben sie recht, sie haben es ja immer. Gott, der himmlische Vater, bestätigt sie, beschenkt sie am laufenden Band mit großen Wundern bei kleinen Krisen. Weil sie so brav sind, nehme ich an. Ich bin es nicht. Ich war es auch - und wie! Wegen jeder kleinen gefühlten Sünde war ich zur Beichte gegangen. Wenn es jemand ernst genommen hatte mit Buße und Heiligung, dann ich. Aber zu den Gesegneten des Herrn gehörte *ich* ganz sicher nicht.

Ich merkte aber, dass ich mir mit diesen Gedanken nichts Gutes tat. Sie brachten mich ausschließlich in die Depression, und aus der Depression gingen Menschenhass, Freudlosigkeit und Suizidalität hervor. Auf diesen Gott, der nur die Vollendung und Verewigung meiner Kindheitsentbehrungen zustande brachte, konnte ich sehr gut verzichten. Und ich tat es auch.

An Jesus hielt ich fest, an seiner reinen Menschlichkeit. Bei ihm konnte ich mich bergen, mit allen Namenlosen, mit allen, die nicht richtig fromm waren, wie es sich gehörte, „nur" Juden zum Beispiel und nicht einmal messianische, oder gar ohne jeden Glauben oder so, jedenfalls die ums Leben Gebrachten und ums Leben Gekommenen ohne Trost und ohne Hoffnung. Mit denen sah ich mich bei Jesus vereint. Bei Jesus, dem Judenkönig mit dem Davidsstern, dem Allerverachtetsten. Bei Jesus, der von seinem Vater, dem er vertraut hatte, um irgendeines hohen religiösen Ziels willen geschlachtet wurde, so wie Isaak von seinem Vater geschlachtet werden sollte, dem er vertraute. Bei Jesus, der den Klagepsalm 22 schrie, bevor er starb: „Mein Gott, mein Gott, warum hast du mich verlassen!“ Nicht bei dem triumphierenden Jesus mit seiner exklusiven Fan- und Feiergemeinde, den erwählten Frommen, zu denen ich ganz gewiss nicht gehörte. Nicht der großartige Jesus, sondern der tote Jesus, der Gekreuzigte, dieser da war und ist mein wahrer Menschenbruder. Der, dem sie mit Grauen die Nägel aus den Händen und Füßen ziehen und dem sie ganz vorsichtig die Dornenkrone abnehmen, obwohl er doch nichts mehr spürt. Der, den sie immer noch lieben und nicht lassen können. Der, über den ihre Tränen wie Sturzbäche fließen. Da heule ich mit und löse mich auf in meine Tränen. Der ist noch kleiner wie ich, noch ärmer, noch schuldiger und noch verachteter. Der ist mein Bruder. Der da, der allein, ist mein Gott.

Den lieben Vater, auf den ich alle meine Hoffnung gesetzt hatte, sah ich nicht mehr. Das war der Wendepunkt: Dass ich nicht mehr an seine Tür hämmerte, aber dass ich mich auch nicht von ihm lossagte. Das hätte ich genauso sinnlos gefunden. Denn immerhin konnte es sein, dass ich ihn ganz einfach nur nicht verstand. Dass diese sehr lange Zeit meines chronischen Enttäuschtwerdens doch irgendwie sinnvoll sein würde und dass ich es irgendwann begreifen würde. Und dass diese Zeit, vielleicht die ganze Zeit meines irdischen Lebens, aus der wahrhaftigen Perspektive Gottes doch nur ein kurzer, schneller Einschnitt ist, wenn auch schmerzhaft für mich, aber mit ungeahnter Wirkung, und dass ich, wenn ich es einmal begreifen werde, nur noch staunen werde. Das mag immerhin sein und so unwahrscheinlich ist es nicht. „Ich verstehe dich nicht. Ich will dir auch vertrauen, aber du machst es mir unglaublich schwer. Ich sehe überhaupt keinen Sinn darin, dass die Bitterkeit in mir zunimmt, je länger je mehr. Das kann ich nicht verhindern. Auch nicht, dass ich deinem Bodenpersonal gegenüber sehr, sehr skeptisch geworden bin. Ich gehe auf Abstand. Ich löse mich aus dem Clinch mit dir. Er tut mir nicht gut.“ Das war meine Antwort und ich glaube, dass sie gut war.

Als ich mich aus dem Clinch mit Gott löste, fand ich neu zu mir selbst. Ich merke, wenn ich mich mit jenen Gedanken wieder depressiv mache, und ich wehre mich erfolgreich dagegen. Ich erwarte nichts mehr von Gott, was er doch nicht erhört. Ich nutze meinen Raum und glaube, dass ich selbst auch in schwierigsten Lagen Lösungen finden kann. Und mir dämmert, dass Gott genau das meint mit seinem konsequenten „Nein“: „Ich gebe dir nichts, was du nicht selbst erreichen kannst. Ich glaube an dich. Ich *mute* es dir zu, weil ich es dir zu*traue*. Du bist für mich nicht der Kleine, der nicht kann, der immer hinterher schauen muss. Ich weiß um dein Potenzial. Du schaffst es, du, Hans-Arved, selbst. Lass dich nicht beirren!“

Wie es auch sei, jedenfalls sorge ich jetzt konsequenter für mich selbst. Dazu gehört auch meine tägliche Meditation. Ich halte sie nicht, weil ich von Gott etwas erreichen möchte oder weil Gott das von mir erwartet, sondern ich halte sie, weil sie mir gut tut. Ich bete fast nicht mehr für mich selbst. „Gib uns heute unser tägliches Brot": Das soll genügen für alle meine persönlichen Sorgen. Warum soll ich noch mehr Worte darum machen? Sollte ich mich wirklich mit einem Gott abgeben, der mir einerseits sagen lässt „Mach dir keine Sorgen! Ich sorge ganz bestimmt für dich!" und andererseits irgendwie von mir erwartet, dass ich des täglichen Brotes wegen inbrünstig vor ihm liege, womöglich stundenlang, dass ich Tag für Tag artig in sein Sprechzimmer komme, um immer wieder neu meine schlichten, leicht begreiflichen Bitten vorzusagen, und der sich wie der Weihnachtsmann vorbehält, vielleicht, vielleicht irgendwann und irgendwie einmal positiv darauf zu reagieren? Welch ein sadistischer Neurotiker! Ich mag den geistlichen Kindergarten nicht mehr.

Am Sonntag nach jener Abendmahlsfeier, einem vierten Advent, hielt ich eine Predigt über den paulinischen „Freudentext" Philipper 4,4-7, die ich im Folgenden auszugsweise zitiere.

Wenn ich auf die Frage, wie es mir geht, ehrlich antworten kann: „Danke, glänzend, es läuft alles glatt" - natürlich, dann bringe ich Freude zum Ausdruck. Es ist leicht zu begreifen, dass die deutschen Worte „glatt" und „glänzend" aus derselben sprachgeschichtlichen Wurzel kommen wie das englische „glad" = „froh". Aber es ist nicht so leicht zu begreifen, warum Paulus uns so eindringlich auffordert, uns auf allen Wegen zu freuen. Auf allen Wegen und zu aller Zeit: „Seid allezeit fröhlich", hat er auch im Brief an die Thessalonicher geschrieben (1.Thessalonicher 5,16). Und sein Apostelkollege Jakobus scheint ihn sogar noch zu überbieten, wenn er seinen Brief an alle möglichen Christen in aller Welt mit den Worten beginnt: „Haltet es für lauter Freude, wenn ihr in *mancherlei Anfechtung* fallt" (Jakobus 1,2). „Froh zu sein bedarf es wenig und wer froh ist, der ist König." Den hübschen Kanon mag man mit Inbrunst singen, wenn alles glatt läuft. Aber für den, der wirklich leidet, ist er ein hässliches Spottlied. Trotz allem froh zu werden kann härtesten Kampf bedeuten, Kampf auf Leben und Tod.

So meint es Paulus. Er ist ja selbst ein ungeheuer leidgeprüfter Mensch. Den Philipperbrief schreibt er aus dem Gefängnis. Er muss mit seiner Hinrichtung rechnen. Es läuft überhaupt nicht glatt bei ihm. Es geht ihm gut, das betont er ausdrücklich, aber nicht der äußeren Umstände wegen. Es geht ihm gut, weil trotz allem diese Freude in ihm lebt, diese wundersame Freude, die nicht tot zu kriegen ist, die sogar immer tiefer und größer wird, je mehr sie angegriffen ist. Diese Freude ist der Cantus firmus seines Lebens. Und gerade hier, in diesem menschenunwürdigen Gefängnis, dringt sie ganz besonders stark durch. So stark, dass sie sozusagen den ganzen Brief durchtränkt. Darum nennt man ihn auch zu Recht seinen „Freudenbrief".

Der Cantus firmus, auf Deutsch „die starke Stimme", ist „eine festgelegte Melodie, die im Rahmen eines musikalischen Werkes von anderen Stimmen umspielt wird, ohne selbst besonders weitgehend verändert zu werden", sagt uns das Lexikon. Johann Sebastian Bach ist der große Meister des Cantus firmus. Ich empfehle Ihnen, seine Passacaglia und Fuge C-Moll für Orgel einmal anzuhören. Da kommt das besonders stark zum Ausdruck. Die Pedalstimme gibt am Anfang eine kurze, sehr eingängige Melodie vor:

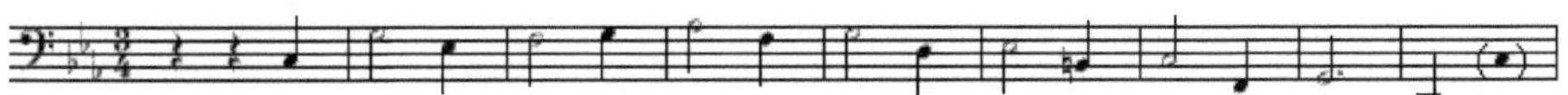

Sie durchzieht als Ostinato (so nennt man ein musikalisches Thema, das sich ständig wiederholt) in gleichmäßigem Fluss das ganze Stück. Viele andere Klangmuster umspülen sie förmlich; manchmal kann man denken, dass sie sich auflöst, aber sie schien nur kurz in der Variationsfülle unterzugehen und blieb doch in Wirklichkeit unbeirrt auf ihrer Spur. Manchmal scheint sie unterbrochen zu werden, aus dem Rhythmus zu kommen, aber dann umfließt sie gleichsam das Hindernis doch wieder wie die starke Strömung den stauenden Stein - sie ist nicht aufzuhalten. Obwohl eine Spannung auf die andere folgt, ist doch die Vielzahl der ständig variierenden Stimmen stets in vollendeter Ausgewogenheit des Klangs auf diesen Cantus firmus bezogen, als könnten sie gar nicht anders, als seien sie unsichtbar gebunden an ihn.

So meint es Paulus. Er sagt uns: Komponiert euer Lebenswerk mit dem Cantus firmus der Freude. Setzt zu aller Zeit alles mit unerbittlicher Konsequenz zu ihm in Bezug. Gebt allem, was euch widerfährt, Ziel und Sinn in der Freude. Löst alle Dissonanzen in den Cantus firmus der Freude hinein auf. Tut nichts anderes, wie schwer es euch auch fallen mag. Lasst euch nicht beirren. Sucht die Freude. Kehrt stets in sie zurück und lasst euch von nichts und niemand daran hindern. Sei es auch ein Kampf um Leben und Tod.

Es gibt keine Prädestination zur Freudlosigkeit. Wir sind zur Freude berufen. „Wehrt euch!" schreibt der alte Paulus aus dem Gefängnis damals den Christen in der Vorweihnachtszeit heute. Grund zu jammern gibt es immer. Aber wer kommt damit auch nur einen Schritt voran? „Lasset das Zagen, verbannet die Klage“ (aus Bachs Weihnachtsoratorium). Vollendet euer Lebenswerk. Nehmt euer Leben, wie es ist. Gebt nicht auf, bis ihr auch die allerschlimmsten Dissonanzen an den Cantus firmus zurückgebunden habt. Seid getrost und unverzagt. Entsetzt euch nicht über die furchtbaren Misstöne, sondern zwingt sie dem Cantus firmus bei. Kämpft und siegt, liebt das Leben ohne Wenn und Aber, leidenschaftlich, und gebt euch nie zufrieden mit faulen Kompromissen. Und gebt eure Mitmenschen nicht auf. Gebt die Welt nicht auf. Teilt euch mit. Seid Hoffnungsmenschen!

Zerbrecht die Sorgenleier. Sie taugt nicht für den Cantus firmus. Die Sorge ist der große Feind der Freude. Die Sorge ist der Feind des Lebens. Die Sorge sagt: „Ach hätte ich doch, ach wäre ich doch.“ Sie verneint das Leben hier und jetzt. Sie krallt sich fest im Gestern und lügt es sich zurecht. Sie träumt sich fort in ein Morgen, das sie nie erreicht. Sie kennt keinen Dank.

Von Herzen dankbar können wir nur sein, wenn wir glauben, dass sich das Leben lohnt. Das Leben lohnt sich, wenn wir es konsequent bejahen. Lebensbejahung ist das unbeirrte Festhalten am Cantus firmus. „Ich lasse dich nicht, du segnest mich denn!“ (Genesis 32,27). Es muss ein Sinn zu finden sein. Lebenssinn fällt uns nicht zu. Sinn zu finden ist die Lebensaufgabe schlechthin. Sinn finden bedeutet: Ich beziehe auf allen Wegen und zu aller Zeit das, was ich erlebe, auf den Cantus firmus der Freude. Mit Jakobus gesprochen (Jakobus 1,2): Ich erachte alle Dissonanz, alle Widerwärtigkeit, für lauter Freude. Ich denke die Dissonanzen weiter, zum Cantus firmus hin, bis sie mit ihm zusammengehen, in ihn eingehen, Sinn finden in der Freude. Das ist uns aufgegeben. Wir selbst sind die Komponisten unserer Lebenssinfonie.

Wir selbst entscheiden, wie wir die Ereignisse deuten. Dann kommt zum Beispiel so ein schöner, humorvoller Spruch heraus wie dieser: „Wer morgens zerknittert aufwacht, hat viele Entfaltungsmöglichkeiten.“ Wie deute ich die Viel-Fältigkeit des Widerwärtigen meines Alltags? Worauf beziehe ich sie? Was mache ich daraus? Die Antwort nimmt mir keiner ab. Ich gebe sie selbst.

So weit der Predigtauszug. Und nun lade ich sie ein, an meinen Meditationstexten teilzuhaben. Es sind authentische Stilleaufschriebe aus meinen Krisenjahren. Natürlich habe ich sie etwas überarbeitet. Sie waren ja weder inhaltlich noch stilistisch für die Öffentlichkeit gedacht. Darum habe ich auch alles, was allzu persönlich wäre und andere Menschen oder mich selbst entblößen würde und entwürdigen könnte, verhüllt oder weggelassen. Nicht zuletzt auch, damit der Leser in seiner eigenen Meditation nicht durch mein zu dick aufgetragenes Eigenes gestört wird.

Trotzdem bleiben diese Texte Zeugnis meines eigenen Klagens, Hoffens und Bewältigens. Das ist mir wichtig. In der Bibel ist es ja meist auch so, etwa in den Klagepsalmen. Manches mag dem Leser aus dem Herzen gesprochen sein, an manchem mag er sich reiben. Diese Texte können erst dann fruchtbar sein, wenn sie dialogisch gelesen werden. Das denkt, sagt, empfindet Hans-Arved Willberg. Und ich? Sie sind Anrede, die nach Ihrer ganz persönlichen Antwort fragt, liebe Leserin, lieber Leser. Lassen Sie sich inspirieren und manchmal auch provozieren. Nur dann werden Sie diese Texte sinnvoll meditieren.

Darf ich Ihnen zuletzt noch verraten, wie meine „Stillen Zeiten" derzeit aussehen? Ich habe ihre Form schon oft verändert. Aber die Form der letzten Jahre scheint mir ziemlich stabil zu sein. Ich benutze die Bibel und das Evangelische Kirchgengesangbuch (EG). Für mich ist der frühe Morgen die beste Zeit. Ich halte mich ganz an das Kirchenjahr. Am Samstag beginne ich die jeweils neue Woche, indem ich den Wochenspruch meditiere. Jeder Wochenspruch gehört zu einem Wochenthema, das der Kirchenjahrswoche den Charakter gibt. Daran schließen sich die sechs Texte der Predigtreihen an, die wie die Wochensprüche, Wochenpsalmen und Wochenlieder im Liturgischen Kalender (EG 891) aufgeführt sind. Ich habe mich aus mehreren Gründen dafür entschieden, diese Texte der Reihe nach die Woche über zu verwenden:

- Die Texte beziehen sich alle auf das Wochenthema, es gibt also einen roten Faden, der sich durch die ganze Woche zieht!
- Einer der Texte ist auch jeweils Predigttext in unseren Evangelischen Landeskirchen, ein weiterer bildet die Schriftlesung des jeweiligen Gottesdienstes.
- Die Texte sind klug ausgewählt und bieten einen weiten Fächer biblischer Verkündigung und Lehre.
- Jedes Jahr begegnen mir die Texte neu. Es ist interessant zu sehen, was sie mir das Jahr zuvor gesagt haben. Sie begleiten mich. Es entspinnt sich eine Geschichte zwischen ihnen und mir.
- Manchmal halte ich auch Andachten und Predigten über einen dieser Texte...

Ich beginne meine tägliche Meditation mit dem Wochenspruch. Es folgt der Wochenpsalm (EG 701ff). Dann singe ich das Wochenlied[1]. Nun lese und meditiere ich meinen Tagestext. Zuletzt war ich die vielen Worte leid und habe versucht, meine Gedanken zum Text minimalistisch auszudrücken, mit so wenig Worten wie möglich. Das

[1] Auch im Liturgischen Kalender zu finden.

sind die „Gedichte“, die Sie zu jedem Text (außer zu den Wochensprüchen) finden.

Daran schließt sich die Fürbitte an. Ich bin darauf zurückgekommen, die Fürbitteordnung im Ev. Kirchengesangbuch zu verwenden (EG 823.1ff), die für jeden Wochentag eine Gebetsthemenliste vorsieht. Ohne diese Leitlinie würde sich mein Gebet immer wieder um dieselben Themen und viel zu oft um mich selbst drehen und vieles in der Welt, das viel wichtiger ist, käme mir gar nicht in den Sinn. Darauf folgt das Vaterunser und den Abschluss bildet wiederum der Wochenspruch. Je nachdem, wie lang ich mich mit dem Text beschäftige, brauche ich für die ganze Meditationszeit eine halbe bis dreiviertel Stunde.

Übrigens: Ich genieße es neuerdings, die Psalmen zu *singen*. Ich erlaube mir einen kunstlosen, freien „gregorianischen“ Sprechgesang. Die Psalmen sind Lieder! Ist es nicht merkwürdig, dass man diese Lieder ganz überwiegend *spricht*? Vielleicht aus Feigheit, Faulheit, Hilflosigkeit, Tradition? Mit anderer Musik gehen wir anders um... Mir tut es richtig gut und ich freue mich jeden Morgen darauf. Ich schließe den Psalm mit dem Gloria ab („Ehre sei dem Vater...“). Und übrigens: Auch das Vaterunser singe ich, nach der gregorianischen Weise EG 186. Es ist Musik in meine Stille Zeit gekommen. Und dadurch auch viel mehr Leben. Ob das nicht ganz allgemein Sinn von Liturgie ist? Aber es kommt ganz entscheidend darauf an, wie man sich darauf einlässt.

Der andere Sinn dieses geregelten liturgischen Ablaufs meiner Meditationszeit liegt darin, dass ich mich ohne Anstrengung jeden Morgen einem vorgegebenen Gefüge anvertrauen kann, das ich nicht ständig neu erfinden muss. Es ist weder trockenlangweilig noch mühsam. Es ist schlicht, aber auch etwas feierlich und schön. Vor mir auf dem Fensterbrett steht ein Gnadenthaler „Mini-Altar“: Ein Teelicht mit goldenem Kreuz dahinter. Daneben befindet sich mein „Räucheraltar“: Eine ebenso kleine Vorrichtung mit Teelicht und Pfanne für Weihrauch oder Duftöl. Über dem Waldrand am Horizont geht die Sonne auf. Meine Stille Zeit ist keine lästige Pflichtübung. Auf solchen Kindergarten kann ich wirklich gern verzichten. Nein, sondern sie ist sozusagen mein spirituelles Frühstück. Ich freue mich darauf und genieße es. Und vermisse es, wenn ich die Zeit nicht dazu finde.

Wie gesagt: Ich habe vieles ausprobiert und meine Meditationszeit immer wieder verändert. Das mag sich auch noch fortsetzen. Wenn ich Ihnen zum Schluss noch einen Rat geben darf: Finden auch Sie Ihren eigenen Stil. Der kann ja je nach Typ und Prägung ganz unterschiedlich aussehen. Aber achten sie darauf, dass Ihre Stille Zeit nichts künstlich Gemachtes ist, sondern etwas natürlich Gegebenes - wie das Frühstück eben. Wenn Sie sich anstrengen müssen beim Essen und Kaffeetrinken, stimmt etwas nicht. Wenn Sie es nicht genießen können, sind Sie krank.

Und das noch zuletzt: Machen Sie nicht den Fehler, auf Ihr geistliches Frühstück (oder Abendessen oder was auch immer es für Sie sein mag) zu verzichten, weil sie zu viel Stress haben oder von Gott und den lieben Mitchristen sehr, sehr enttäuscht sind. Das ist falsch eingefädelt. Bestrafen Sie sich nicht selbst durch Meditationsentzug! Sie tun es nicht um Gottes oder der Gemeinde willen, sie tun es für sich. Es geht um Ihr eigenes Bedürfnis! Bitte lassen Sie es ganz sein, wenn Sie kein spirituelles Bedürfnis haben. Aber das glaube ich nicht.

Ein kleines Problem für den täglichen Gebrauch der Meditationstexte besteht darin, dass sich die Kirchenjahre je nach Kalender wandeln. Zum Beispiel kann das Christfest mitten in die Woche nach dem Vierten Advent fallen und der erste Sonntag nach dem Christfest kann bereits ganz dicht auf die Feiertage folgen. Die Epiphaniaszeit kann, je nach dem Ostertermin, zwischen zwei und sechs Wochen betragen. In den kommenden fünf Jahren wird es zwei mal einen vierten Sonntag nach Epiphanias geben. Hierfür enthält dieser Band keine Texte. Ich lade den Leser ein, sich dann selbst an den Texten der Predigtreihen unter EG 891 zu orientieren.

Für das Christfest habe ich mehrere Meditationstexte vorgesehen, die der Leser nach eigenem Ermessen auf die Feiertage verteilen möge. Der zweite Sonntag nach dem Christfest findet keine Berücksichtigung, weil er, wenn er überhaupt stattfindet, in die Tage zwischen Neujahr und Epiphanias fällt.

Ob und wie Sie Ihre Krise bewältigen, hängt sehr davon ab, ob Sie still werden können. Verarbeitung braucht Stille. Das ist Übungssache. Wenn ich Ihnen einen kleinen Tipp geben darf: Eignen Sie sich ein Entspannungsverfahren an. Lernen Sie vor allem Atementspannung. Achten Sie darauf, ganz ruhig zu atmen, bevor Sie mit Ihrer Meditation beginnen. Und dann lassen Sie sich Zeit. Versuchen Sie nicht, irgendetwas zu produzieren. Nehmen Sie wahr. Bewegen Sie die Gedanken, die ihnen kommen. Geben Sie einfach acht auf das, was wird.

Natürlich können Sie aber dieses Buch auch lesen wie jedes andere. Dann ist es eben so etwas wie das Krisen-Tagebuch von Hans-Arved Willberg. Jedenfalls wünsche ich mir, dass diese Texte Helfer und Begleiter für Sie sein mögen. Ich würde mich sehr freuen. Ich hoffe und glaube, dass sich im Lesen Trost ereignet.

Ich widme die drei Bände meinen Freundinnen Hedwig, Claudia und Conny (jeder einen ☺), die vielleicht einen noch tieferen Schluck aus dem bitteren Kelch nehmen mussten als ich, jede auf ihre Art.

Etzenrot, im März 2012

Hans-Arved Willberg

Samstag

Erster Advent

Leitmotiv: Gott kommt in Christus zu uns Menschen

Wochenspruch: „Siehe, dein König kommt zu dir, ein Gerechter und ein Helfer."
Sacharja 9,9

Wochenpsalm 24
Meditationstext: Sacharja 9,9-11

Der Friedenskönig kommt. Danach sehne ich mich sehr. „Der Bräutigam kommt!" heißt es im Gleichnis von den zehn Jungfrauen. „Zion hört die Wächter singen, das Herz tut ihr vor Freude springen", heißt es im Choral dazu (EG 147). "Ihr müsset ihm entgegengehn."

Gehen, wohin mein Herz mich treibt. Nicht in die Resignation. Nicht in den Groll. Das ist Selbstbetrug. Sondern in die Freude. In das Geliebtwerden und Lieben.

Die Liebe zu Gott bestehe vor allem darin, sich die Liebe Gottes gefallen zu lassen, sagt Dietrich Bonhoeffer. *Dein* König kommt! Kein Fremder. Keiner, vor dem du dich verkriechen musst. Keiner, den dein Herz hasst. *Dein* König. Dein einer, geliebter Freund.

Es scheint so viel dagegen zu sprechen. Mein Herz hat große Angst, dass er doch als Diktator einrollt. Mit seiner Panzermacht. Wehe, du beugst dich nicht! Mein Herz ist beunruhigt. Es hat zu viel zwiespältige Auslegung der Freudenbotschaft genossen und zu viel Erschreckendes mit den so genannten Auserwählten erfahren. Es zweifelt sehr daran, zur Elite derer gehören zu dürfen, die sich freuen dürfen. Weil sie so brav und ergeben sind. Es zweifelt stark daran, ob es zu dieser exklusiven Auserwähltenschar der besonders Frommen überhaupt gehören will. Es will verzagen und verbittern.

Es zweifelt. Es ist sehr verletzt. Aber es hört die Wächter singen. Sie singen schön. Sie singen rein. Sie singen ehrlich. Sie singen gut. Sie singen wie meine Osteramsel früh am Ostermorgen, weil sie aus tiefstem Herzen singen müssen. Sie singen ohne Zwiespalt.

Da freut sich mein Herz. Es atmet auf. Es reibt sich die Augen. Es lässt sich überzeugen. Es „wachet und steht eilend auf."

Sie singen das wunderbare Lied vom großen Ziel: Es wird vollkommener Friede sein. Keine Friedhofsruhe unter einer Gewaltherrschaft (vgl. Sacharja 1,11-12), nicht die Herrschaft der Angst und des Todes, sondern lebendiger Friede in wahrer Freiheit.

Dieser König gebietet den Frieden und seine Herrschaft breitet sich unaufhaltsam allumfassend aus. Das ist seine Mission: Das Friedensreich, die Befreiung aus Gefangenschaft, welcher Art auch immer, das Herauskommen aus der Grube, den tiefen Löchern, in die wir abrutschen und den dunklen Löcher, in die hinein wir abgeschoben werden; Heimkehr zur festen Stadt (V11.12). „Auf Hoffnung" sitzen wir in unseren Löchern (V12). Der Retter ist schon da. Gott ist der Durchbruch zu uns Eingeschlossenen schon gelungen. Es scheint Licht auf am Ende des Tunnels.

Wenn dein König kommt, verstummt das dumpfe, wichtigtuerische Geschwätz. Nicht das dumpfe Grollen der Panzer bringt es zum Schweigen, nicht die Angst, sondern die Freude. Die erfüllte Sehnsucht. Endlich ganz Mensch sein dürfen. Endlich verstanden, endlich ganz und gar gewollt, endlich glaubwürdig geliebt. Das große Ensemble der himmlischen Heerscharen tritt auf und durchdringt Himmel und Erde. Alles ist Leben, alles Musik.

Erster Advent

Sonntag

Meditationstext: Matthäus 21,1-9 (Evangelium)

Er ist wirklich der König. Er hat wirklich alle Macht. Alle Gewalt, damit sein Wille geschieht. Sein Wille ist: Liebe, Friede.

Er braucht das hohe Ross nicht. Er kann auf die Staatskarosse verzichten. Denn die Autorität seiner königlichen Majestät liegt in seiner Person. Alle menschlichen Fürsten sind machtvoll durch äußere Attribute. Er allein ist es vollkommen aus sich selbst heraus. Darum kann er jetzt gleich in den Tempel gehen und in vollkommener Souveränität die Händler austreiben. Darum wird Pilatus höchst beunruhigt sein: „So bist du der König der Juden?" „Du sagst es, ich bin ein König" (Johannes 18,33). Darum muss dieses unglaubliche Täfelchen über ihn an das Kreuz kommen: „König der Juden." Das hat Pilatus ver-

eselei

da
einfach so
mit sakkos
schals
und damenjäckchen
mutters
frisch gewaschenem
exakt
gebügeltem
hemd
mänteln
und pullovern
aus dem dreckweg
einen teppich
machen
die eselin
als königsross

verkleiden
ihr fohlen
hofnarr
spielen
lassen
die palmen
der anrainer
verschandeln
und so tun
als wären
ihre zweige
große
bunte
fahnen
und tausendfach
schräg wie nur was
ins benedictus
einzustimmen
singend
pfeifend
plärrend
grölend

im fadenkreuz
des argwohns
der allmächtigen
humorlosigkeit

natürlich
geht das
schief

aber
diesen
quell
dämmt
hinfort
keiner
mehr

hosanna
in excelsis
hosanna
hosanna

standen: Sie haben wirklich ihren eigenen König zu Tode gefoltert. Und er half ihnen dabei.

Was heißt das für mich hier und heute? Ich muss unbedingt sein Diener sein. Ich muss ihn unbedingt auf meiner Seite wissen. Entsprechend muss mein Leben sein. Das geht nur über die Stille, nur über das Empfangen.

Die Rettung ist schon da. Gott *hat* sich schon erbarmt. Darum ist dieser Tag ein guter Tag: Ein Tag der festen Schritte in die gute Zukunft. Die Zeit der Dürre hat ein Ende, die Zukunft hat begonnen; er bahnt uns den Weg aus der Grube.

Wirklich? Erfüllt sich das? Wieder blicke ich auf ein hartes Jahr mit schlimmen Enttäuschungen zurück. Ich habe auf so vieles verzichten müssen. Meine Gebete wurden wieder nicht erhört. Ich habe so viel investiert und so wenig dafür bekommen.

Und dennoch: Ich bin stark geworden und ich traue je länger je mehr der Eisfläche unter mir, dass sie trägt. Ich verachte je länger je mehr den Abgrund da unten. Der gefährliche Klettersteig mit seinen überaus beängstigenden Engpässen ist zum Weg geworden - es läuft sich leichter, ruhiger, beständiger. Ich gehe meinen Weg. Ich komme voran.

Ich habe meinem König die Tür geöffnet, diesem menschlichen, mitmenschlichen König. Ich vertraue darauf, dass er mich nicht von Niederlage zu Niederlage schubst, sondern von Sieg zu Sieg führt. Ich halte fest am Cantus firmus der Freude. Aber es ist schwer.

Ich sammle mich, um mich auch heute wieder auf das Erfreuliche zu konzentrieren und diesen Tag als interessante Etappe meiner erfolgreichen Wanderschaft zu verstehen. Es ist gut so, wie es ist. Ich bin dankbar.

Erster Advent

Montag

Meditationstext:Römer 13,8-14

„Dunkel muss nicht kommen drein, der Glaub bleibt immer im Schein" (Wochenlied EG 4). Ich erfahre das Gegenteil. Nicht, weil ich das Ideal der Liebe ignoriert hätte, sondern gerade der Liebe wegen. Ich habe unvollkommen, fehlerhaft, aber von Herzen alles gegeben. Der Lohn meiner Geduld ist Einsamkeit. Der Lohn meines Engagements und meiner Freigiebigkeit ist Not. Besonders enttäuscht bin ich von Menschen, die sich vollmundig zu dieser Liebe bekennen und sich mir gegenüber doch so ganz anders verhalten haben.

stern
der liebe
unendlich
fern
und doch
so hell

deiner
lichtspur
folgen
genügt

Was soll ich tun? „Wenn du dich nicht um die anderen kümmerst, werden sie sich nicht um dich kümmern", höre ich eine Stimme in mir sagen. Liebe? Wenn sie nicht von mir ausgeht, geschieht sie nicht.

Ich habe mich entschlossen, dem Liebesgebot bedingungslos zu gehorchen. Das rächt sich bitter. Es kommt mir so vor, als würden meine Bedürfnisse weggeschält wie hinderlicher Ballast. Gewiss, der Kern, der da zum Vorschein kommt, ist mein Herz. Bloß liegt es da und überaus empfindlich, und die Empfindlichkeit vergiftet die Empfindsamkeit. Advent! Wie soll ich dich empfangen?! Die zarte Vorfreude, das sehnsüchtige Ziehen nach Weihnachten hin, vergiftet ist sie. Aber in diesem meinem Herzen bleibt das Nest des Widerstands: Trotz allem - meine Würde lasse ich mir nicht nehmen.

„Waffen des Lichts" soll ich anlegen (V12). Es gibt keine Alternative zum Kampf. Nicht verzweifeln, nicht aufgeben, sondern mich behaupten. Mir nicht selbst die Würde nehmen. Mich nicht selbst abwerten und vernachlässigen. Wenn auch die Herausforderung extrem ist. Tod oder Leben. Weitergehen oder sterben.

Ich fühle mich massiv angegriffen. Mich jetzt gehen zu lassen, das Maß zu verlieren, dahinzutrödeln, das wäre „Werk der Finsternis" (V12) - Geist der Resignation! Fressen, Saufen, Huren, Hadern, mich verzehren in Eifersucht und Neid. „Ausschweifung" als Gegenteil der wohltuenden, selbstfürsorglichen Disziplin. Ausschweifen ist Folge des Aufgebens. Auch das Ausschweifen in Arbeitssucht.

Warum sollte ich denn noch? Das ist die Stimme der Versuchung. Wenn ich doch für allen Eifer und alle Disziplin nur Verachtung ernte? Ich sehe Menschen, die sich auf die faule Haut legen und ein schönes Leben führen. Da lodert der Neid in mir auf.

Warum geht es ihnen allen besser als mir? Und doch scheint mir nichts anderes übrig zu bleiben, als mich weiter zu verausgaben. Weiter zu kämpfen! Obwohl ich todmüde bin.

Das macht mich so wütend: Mit größter Sorgfalt achte ich auf meine Diszplin - um der Freude willen. „Seid allezeit fröhlich“ (1.Thessalonicher 5,16) - von ganzem Herzen ja! „Erachte es für lauter Freude, denn du wirst stark dadurch.“ Ich glaube diesem Satz, mit dem Jakobus seinen Brief beginnt (Jakobus 1,2)! Und dann werden mir meine achtsam aufgebauten Maßnahmen, unter diesen schwierigen Umständen ein wirklich frohes, dankbares Leben zu führen, sehr zielsicher aus der Hand geschlagen. Als wollte mir einer mit aller Macht das Gegenteil beweisen: „Du und Freude? Das ist ein Witz!“ So kommt es mir vor.

Dienstag

Erster Advent

Meditationstext: Jeremia 23,5-8

trauerzeit

abgebrochen
ausgerissen
weggeworfen

für müll
befunden
unrat

ausgestoßen

natürlich
ganz
zu recht
wie jene
die schon
zur steinigung
bereitet war

Sicher wohnen, zurückgebracht, rehabilitiert, in meinem Land, daheim. Meine Sehnsucht danach ist so stark, dass ich diese Verheißung fast nicht ertragen mag. Sie kommt mir wie eine Fata Morgana vor. Warten, warten, warten, und mich immer weiter mühen. Es wird mir zu schwer. Immer wieder keimt neu die Hoffnung auf, immer wieder wird sie neu enttäuscht. Ich höre Jeremias Stimme wie ein Fiebernder, unwirklich, aus der Ferne, elend sehnend, süchtig nach Zuhause.

Oh ja, ich will, dass mir Recht geschieht - gnädiges, zurechthelfendes Recht. Dass Gott zurecht rückt, was verschoben ist. Dass er einrenkt. Dass mein Leben von ihm so geformt ist, wie es ihm gefällt.

Das wünsche ich mir und das fordere ich von Gott: Dass die Menschen, denen ich Leid zugefügt habe, die liebevolle, barmherzige Gerechtigkeit Gottes erfahren. Dass ich als blinder und schwacher Mensch meinen Mitmenschen nicht Unrecht tue und dass mein Unrecht, das geschehen ist, ganz und gar vergeben ist und verheilt.

Das sagt mir dieser Text zu: Dass die Not, die ich erlebe, wie der Weg Israels aus Ägypten mein Weg in die Freiheit ist. Sehr angefochten, sehr beängstigend, und dennoch der Ausweg. Auch wenn es so scheint, als gäbe es keine Hoffnung mehr.

Ich möchte mein Vertrauen nicht aufgeben. Es ist mir versprochen, dass es sich lohnt. Ich erlebe eine schlimme Dürrezeit. Ich komme mir so verstoßen vor wie Israel in der Verbannung. Ich habe mein Zuhause verloren. Irgendwo draußen bin ich, in der Zerstreuung, ohnmächtig, einsam, abgesondert in der Fremde.

„Und sie sollen sicher in ihrem Lande wohnen" (V8). Das sagt mir dieser Text zu: Ein gutes Wohnen in Sicherheit, nicht ein Taumeln von einer Not zur anderen. Mir soll wirklich geholfen sein. Ich denke wieder an Sacharja 9 (s. Wochenspruch). Der Friedenskönig kommt. Der Friede wird ausgerufen. „Kehrt heim zur festen Stadt, die ihr auf Hoffnung gefangen liegt" (Sacharja 9,11.12): Dasselbe Bild.

Erster Advent

Mittwoch

Meditationstext: Offenbarung 5,1-5

Das geschlachtete Lamm. Die Strafe liegt auf ihm. Die Schuld liegt auf ihm. Gott selbst spricht sich schuldig. Gott selbst lässt sich anklagen und verteidigt sich nicht. Gott selbst lässt sich hinrichten. Als es zur Schlachtbank geführt wird, tut es seinen Mund nicht auf. Gott selbst, das geschlachtete Lamm.

dein
plan
gewaltiger
ist mir
das buch
mit sieben siegeln
es sagt mir
nichts

Ja, das ist sehr zum Weinen, wenn keiner die Verantwortung übernimmt für das Böse. Wenn da kein Gott ist, der sagt: „Es liegt an mir. Ich lasse das Böse zu. Ich könnte es auch verhindern. Du hast recht, wenn du fragst: 'Warum gerade ich?' Es wäre mir ein Leichtes, dich zu verschonen. Auch die Schuld, die ihr einander zufügt, könnte ich verhindern. Wenigstens eindämmen könnte ich sie. Wenn ich es nicht tue, habe ich einen Grund dafür, den du als Mensch so wenig einsehen kannst wie dein Hund verstehen kann, was du denkst, planst und entscheidest. Für dich bleibt das Geheimnis des Bösen ein verschlossenes Buch mit sieben Siegeln."

der seher
mag erzählen
was er will
wenn du
mir nicht
mein leben
wieder gibst

sprich
nur
ein
wort

Als das göttliche Menschenkind geboren wird, der Friedefürst, geifert das Böse um das friedliche Bethlehem herum. Die römische Besatzungsmacht sorgt für Ordnung und gewährt dabei

meinen
namen

schrecklichstem Unrecht Raum. Bestraft wird nur, wer politisch nichts nützt. Herodes ist ein Freund des Kaisers. Darum kann er unter den Augen des Besatzungsmilitärs ein Massaker verrichten. Um den Friedenskönig zu verhindern, lässt er alle Babies seines Alters in der Umgebung ermorden. Das steht mitten in der Weihnachtsgeschichte und stört die Stille Nacht erheblich. Das sind ganz andere Töne als der Engelsgesang und das Hirtenflöten. „Auf dem Gebirge hat man ein Geschrei gehört; viel Weinen und Wehklagen. Rahel beweinte ihre Kinder und wollte sich nicht trösten lassen. Denn es war aus mit ihnen“ (Matthäus 2,18; Jeremia 31,15). Geschehen, damit die Schrift erfüllt würde, teilt Matthäus sachlich mit. Rahel, sie zerren dir dein Kind aus der Wiege in dieser schönen Weihnachtsnacht unter dem Friedensstern und schlachten es ab. Damit die Schrift erfüllt würde. Rahel, recht hast du, wenn du dich damit nicht trösten lassen willst. Wenn du dich jedem Trost verweigerst. Ja, Rahel, Gott hat es zugelassen. Damit die Schrift erfüllt würde. Ja, Rahel, Gott wollte es so. Nein, es ist nicht Strafe, die dich trifft, weil du eine böse Frau bist. Es hat mit dir gar nichts zu tun. Es geht um seinen großen Friedensplan. Du wohnst nur zur falschen Zeit am falschen Ort und hast unglücklicherweise gerade ein Kind bekommen.

Vertröstet mir Rahel nicht, sagt der Gott, an den ich dennoch glauben will. Erzählt ihr nichts von großen Gottesplänen. Haltet ihren Tränenfluss nicht auf. Stimmt ein mit ihr, heult laut und schreit. Ihr Leben ist dahin. Wird sie auch nach Bethlehem wandern, in der schönen klaren Friedenssternennacht, und das Kind anbeten wie die Weisen aus dem Morgenland? Nein, Rahel ist dort nicht. Rahel krampft in Tränen und Schmerz.

Das Kind dort in der Krippe weiß noch nichts davon. Aber später wird es nach den Rahels fragen. Nichts anderes wird es mehr tun. Und sie werden ihm folgen. Und werden sehen, wie es selbst zum Lamm wird, das zur Schlachtbank geführt wird. Und werden es dahinsterben sehen, in Höllenqual, so groß wie ihr eigener Schmerz, hinab in das Reich des Todes. Zu den Geschlachteten. Zu ihren Liebsten. Und dann wird er wieder kommen, am dritten Tag, und sie zuerst mit Namen rufen. Dann wird es keinen Unterschied mehr geben zwischen ihm und ihren Liebsten. Dann wird er ihnen Bruder sein und Sohn. Und Maria, die Begnadete, wird ihnen Schwester sein. Und sie werden mit ihr singen: „Magnificat. Meine Seele erhebt den Herrn. Denn er hat die Niedrigkeit seiner Magd angesehen“ (Lukas 1,48). Dann wird Rahel sich mit Gott versöhnen.

Passah. Abendmahl. Das Lamm essen. Den Wein seines Blutes trinken. Mit Gott Frieden schließen. Gott ist Mensch geworden. Menschlich geworden. Menschensohn. Menschenbruder.

Erster Advent

Donnerstag

Meditationstext:Lukas 1,67-79

Das aufgehende Licht aus der Höhe, das erscheint denen, „die sitzen in Finsternis und Schatten des Todes, und richte unsere Füße auf den Weg des Friedens“ (V79). „Ad dirigendos pedes nostris“ steht in der lateinischen Bibel - „um unsere Füße zu dirigieren“. So wie ein guter Dirigent sein Verständnis der Sinfonie auf das Orchester überträgt, wie sich seine Begeisterung auf die Musiker überträgt und in der Meisterleistung des Ensembles spiegelt. Kreativität pur.

Doch auch das Bild vom Schaf sehe ich, das in den Pferch getrieben wird, ganz selbstverständlich, ohne Angst, aber auch ganz hilflos, ganz angewiesen auf den Stab des Hirten und seine Stimme. Wie sehr wünsche ich mir, dass der Hirte „meine Füße auf den Weg des Friedens“ richtet. Ich bin entsetzt über den Unfrieden, der hereingebrochen ist, durch mich, um mich, an mir. Ich komme mir vor wie ein Schaf, das sich im Dornengestrüpp verfangen hat, unversehens, ungewollt, ungeplant, und ganz und gar verstört ist. Es weiß nicht, wie ihm geschieht, es fühlt nur Schuld, Scham und Angst und große Einsamkeit.

Was soll ich tun? Das Leben geht ja weiter und ich muss wichtige Entscheidungen treffen, Weichen für die Zukunft stellen. Ich horche hin, will die Stimme meines Hirtens hören, verstehen, will mich leiten lassen. Ja, ich habe Angst, den Irrweg zu wählen.

Was heißt das für mich hier und heute? Was es immer heißt: Achtsam sein, so gut ich kann, aber auch *erwartungsvoll* achtsam, denn ich brauche dieses Licht, die Einsicht, den Frieden.

erhaben
von oben
erhoben

aufgesucht
heimgesucht

erwärmt
erhellt

hervorgelockt
aus todeswolkendunkel

zu leben
zu gehen
beständig
meinen
guten
weg

hineingefügt
in seine
friedenssinfonie

ganz
ohne
druck
ganz
ohne
angst

ruhig
vertrauend
ganz
dankbar

zufrieden
mein
bestes
gebend
eifrig

Freitag

Erster Advent

Meditationstext: Hebräer 10,23-25

programmänderung

achtung
die versammlung
wird abgesagt
wegen
trostlosigkeit

die gemeindeleitung
wird entlassen
weil sie
entmutigt hat

das ist
strafbar
ab sofort

wer nicht
trösten will
gehört
nicht
dazu

Wir sollen nicht unsere Versammlungen verlassen, „sondern einander ermahnen“ (V25). Es kommt sehr darauf an, wie das verstanden wird. Der düstere Zusammenhang dieser Textstelle, die in die schlimmste Drohung mündet, lässt vermuten, dass die „Ermahnung“ als warnender moralischer Zeigefinger gemeint ist. Nicht aber das Wort selbst im Grundtext: Da steht nun einmal „parakaleo“, das vor allem „trösten“ und „ermutigen“ heißt, wie auch in der lateinischen Bibel „consolari“, das erst recht diese Bedeutung hat. Man muss sich fragen, wie Trost und Drohung zusammenpassen sollen. Wie kann es tröstlich sein, zum Bleiben in der Versammlung aufgefordert zu werden mit der Begründung, dass die Alternative ein „schreckliches Warten auf das Gericht und das gierige Feuer“ ist? Ich schließe daraus, dass der Autor des Hebräerbriefes entweder Unsinn geschrieben hat, was ich nicht glaube, oder dass er eben doch etwas anderes meint. Mir bietet sich nur diese Lösung an: Die Warnung betrifft nicht die Entmutigten, sondern die Entmutiger. Nicht die schwachen Trostbedürftigen, sondern die Starken, die den Trost verweigern: Lieblose, egoistische „Hirten“ der Gemeinde. „Mietlinge“ (vgl. Johannes 10), die sich um die Bedürftigkeit der Herde nicht kümmern und nur ihren eigenen Vorteil suchen. Wenn man sieht, wie diese Warnung bereits in der frühen Kirche in den Wind geschlagen wurde und was daraus wurde: Rücksichtslose klerikale Machtstrukturen, Glaubensdiktaturen, die Abweichlern gnadenlos den Prozess machten, dann erscheint die Drohung in einem ganz anderen Licht.

Das also ist die Gretchenfrage für Christen mit Macht und Autorität: Bist du deinen Mitchristen treu - als Tröster und Ermutiger? Oder hältst du dich für etwas Besseres? Willst du dienen oder herrschen?

Zweiter Advent

Samstag

Leitmotiv: Der Helfer und Retter kommt

Wochenspruch: „Seht auf und erhebt eure Häupter, weil sich eure Erlösung naht!" Lukas 21,28

Wochenpsalm 80
Meditationstext: Lukas 21,20-28

Jesus sagt die Zerstörung Jerusalems voraus. Keine 40 Jahre später trifft es genau so ein. Von kosmischen Ereignissen spricht er außerdem und von seiner Wiederkunft am Ende der Zeiten. Das alles in acht Sätzen, in meiner Bibel, und im ursprünglichen griechischen Text sozusagen in einem Atemzug, ohne Punkt und Komma. Da scheint es, als würde die Zeit überhaupt keine Rolle spielen. Und ich denke, darum geht es Jesus auch: Im Gegensatz zu vielen Christen ist er am zeitlichen Ablauf der Endzeit kaum interessiert - wenn überhaupt. So will er auch die Zeichen der Zeit nicht als Angaben zur Uhrzeit verstanden wissen. Die Zeichen der Zeit sollen nichts anderes als uns wach halten. Wir sollen uns erinnern lassen, dass wir unterwegs sind. Wir sollen uns erinnern lassen, dass diese Welt anders werden muss. Die Zeichen der Zeit drängen zum mitempfindenden Gebet, zum echten Mit-Leid, aus dem die Tat der Nächstenliebe kommt. Das ist ihr gleichbleibender Sinn zu aller Zeit. Und deshalb ist es unwesentlich, welches Zeichen zu welcher Zeit geschieht. Bis ins Kosmische hineingehende Zeichen der Zeit wie vielleicht das Ozonloch in unseren Tagen oder schwere Erdbeben und Vulkanausbrüche verkünden uns im Grunde genau dasselbe wie der jüdische Aufstand gegen Rom damals: Diese Welt ist nicht die wahre Heimat - eine neue Erde muss werden, so wie die Bibel es uns verheißt. Wie ein Gemälde wirkt diese Schilderung Jesu auf mich - da ist alles gleichzeitig präsent, Hintergrund und Vordergrund sind nichts als Teil der einen Gesamtaussage: So ist diese Welt - und sie muss anders werden. Und die Christen heißt er Lichter in dieser Welt. Wir bereiten ihm den Weg, indem wir unser Lampen brennen lassen. Seid wach, lasst euer Licht leuchten in dieser Welt, die Veränderung so nötig hat, dies ist die Predigt der Endzeitreden Jesu für uns.

Seid wach, seid tätig - ihr braucht euch nicht zu fürchten, ihr müsst den Kopf nicht hängen lassen, ihr dürft guter Hoffnung sein.

„Kopf hoch"? Das hat nur Sinn, wenn es was zu sehen gibt. Eine neue Perspektive. Hoffnung, Veränderung. Ein gutes, erreichbares Ziel.

Kann es sein, dass es schon da ist? Dass ich es nur noch nicht sehe, weil ich noch den Kopf hängen lasse und auf den kahlen, kargen Boden starre? „Dies ist der Boden der Tatsachen", fluche ich mürrisch. „Ich seh doch, wie es ist."

Der Horizont ist größer. Es gibt Zukunft. Es gibt Wege, die weiterführen.

Du fühlst dich nicht verstanden? Siehst überall nur schwarze, glatte Wände, finstere Wolken, spürst grausam kalten, starken Gegenwind? Gib nicht auf. Bleib unterwegs. Es wird sich lohnen.

Sonntag

Zweiter Advent

Meditationstext:Lukas 21,25-33 (Evangelium)

umdeuten

minus zu plus
schwert zu pflugschar
frühlingsblüte
gegen
den frost
der unmenschlichkeit

mitten
im kalten
winter

Gegenbewegung: Der Druck wächst und das Neue kommt. Geburtsvorgang. Immer nah erwartend. Immer zum Trost. Hier und heute kommt das Neue, hier und heute wird es geboren. „Ein Kind ist uns geboren, ein Sohn ist uns gegeben, und die Herrschaft ruht auf seiner Schulter" (Jesaja 9,5). Nicht Vertröstung ist das, sondern Trost - für diesen heutigen Tag. Verzagtheit ist die Sorge um den morgigen Tag. „Die Menschen vergehen vor Furcht und in Erwartung der Dinge, die kommen sollen" (V26). Den Glaubenden beschäftigt die Erwartung der Dinge, die kommen sollen, nicht so sehr. Denn er deutet die Zeichen der Zeit nicht pessimistisch wie alle Welt, sondern optimistisch, als sich öffnende Tür. Darum pflanzt er heute noch sein Apfelbäumchen, wenn auch morgen die Welt untergehen sollte. *Sollte...*

Die äußere Bedrohung ist konstitutiv für mein Leben als Christ und überhaupt für das menschliche Leben. Sie ist unabhängig von den Zeiten gegenwärtig. Darum vergeht „dieses Geschlecht" nicht, „bis es alles geschieht" (V32). Es geschieht allenthalben, wie auch allenthalben gilt: „Der Herr ist nah!" (Philipper 4,5). Wie es auch allenthalben sein wird „wie in den Tagen des Noah": Sie essen, trinken, heiraten, lassen sich heiraten - „und sie beachteten es nicht" (Matthäus 24,39). Durch alle Endzeitreden zieht sich die dringliche Aufforderung zur wachsamen Gegenwärtigkeit in wahrhaftiger Hoffnung: „Erhebt eure Häupter“ (V28). Das heißt: Wechselt die Perspektive. Schaut noch vorn. Nehmt die Zeichen der Zeit wahr, aber nie so, dass ihr euch in ihren Bann ziehen lasst. Nicht wie die Säufer und Fresser, nicht wie die Sklaven der Sorge. Nicht wie die Menschen, die ihre Zeit totschlagen, um sich der Endlichkeit nicht bewusst sein zu müssen.

Dieser Tag soll ein Tag des Friedens sein. Ein Tag der Stille, ein Tag des Empfangens. Weiter pflanzen. Nicht übertrieben, sondern ganz gelassen. Mich heute des Lebens freuen, so wie ich es kann. Konzentriert ganz allein auf diesen heutigen Tag. Das genügt.

Zweiter Advent

Montag

Meditationstext:Jakobus 5,7-9

Geduld ist ein Hauptthema bei Jakobus. Gleich zu Beginn des Briefs: In der Geduld liegt der Sinn von Anfechtung. Und jetzt wieder, bezogen auf das Miteinander. Kommunikative Geduld: „Seufzen widereinander“ (V9) - das ist Ungeduld.

Geduld ist Akzeptanz. Die Beziehungsgeduld hängt offensichtlich eng mit der Geduld im individuellen Leiden durch Armut und Unrecht (5,1-6), Krankheit und Schwäche (5,13-18) zusammen. Das weist wieder auf die Anfechtung in 1,2 zurück: Es ist wirklich „allerlei“ Anfechtung gemeint, alles eben, was das Leben schwer macht. Jakobus ist ein Brief für den realen Alltag.

Geduld des Wachstums wegen. Alles Leben ist Wachstumsgeschehen und Wachsen braucht Zeit. Wir können nur etwas für die Wachstumsbedingungen tun; das Wachsen selbst ist nicht machbar.

Die Zeit muss reif sein. Alles hat seine Zeit.

„Werft euer Vertrauen nicht weg, welches eine große Belohnung hat. Geduld aber habt ihr nötig, damit ihr den Willen Gottes tut und das Verheißene empfangt“ (Hebräer 10,35-36).

Genau das ist meine Situation: Geduldiges Warten auf den Regen. Leben in Dürre und Kargheit. Das Kommen des Herrn ist hier und heute relevant, oder es ist nicht relevant. „Er kommt,

atmen

immer weiter
sonst nichts
still

schmerz
zulassen
trauer

nur
aushalten
inne
haltend
sonst nichts
still

tapfer
froh

ich bin
ein freund
von traurigkeit

er kommt mit Willen, ist voller Lieb und Lust, all Angst und Not zu stillen, die ihm an euch bewusst“ (EG 11). „Erhebt eure Häupter“ (Wochenspruch). Wir sind so gut aufgestellt. Wir haben es richtig gemacht. Das Feld ist bestellt. Nein, daran liegt es nicht. Am Regen liegt es, nur am Regen. Wochenpsalm 80: „Lass uns leben, so wollen wir deinen Namen anrufen.“ Sende uns Regen, dann leben wir auf. Die Netze sind da, sie sind gut, wir sind bereit. Und wir stehen auch nicht nur herum mit den Netzen, wir werfen sie aus. Wir sind fleißig, wir sind geduldig. Wir übertreiben es nicht, denn Aktionismus rächt sich, lässt viel Wesentliches unbeachtet. Nein, in Ruhe und Bescheidenheit, aber geduldig. Doch, das kann ich von mir behaupten: Ich *bin* geduldig. Ich gebe nicht auf. Neulich hörte ich jemand vom Stehaufmännchen reden. Ja, das Stehaufmännchen ist in mir: Diese unbändige Lebenskraft, dieser starke Lebenswille.

Was heißt das für mich hier und heute? In Akzeptanz leben. Diesen Tag so nehmen, wie dieser Tag ist. Meine gesamte Lebenssituation so nehmen und annehmen, wie sie ist, in steter neuer Umwendung zur Dankbarbeit. Ich konzentriere mich ganz ruhig auf die Tagesetappe. Ich fülle den vorgegebenen Raum so, wie ich kann. Hörend, sein Antlitz suchend.

Dienstag

Zweiter Advent

Meditationstext:Matthäus 24,1-14

Das ist kein durch hellseherische Fähigkeit zustande gekommener Fahrplan der Weltgeschichte, sondern es ist die Prognose, die Jesus stellt, weil er die Welt kennt und weiß, welchen Weg die Liebe zu ihrem letztendlichen völligen Sieg gehen wird und muss. So lange die Welt so ist, wie sie ist, so lange zerstörerische Mächte in ihr walten und so lange das Böse und der Tod herrschen, wird das Reich Gottes nicht anders kommen als ein Kind durch die Wehen der Geburt. „Erschreckt nicht darüber“, sagt Jesus (V6). Das heißt: Lasst euch nicht zu sehr davon beeindrucken. Dies alles ist, leider, normal. Es muss euch nicht überraschen. Lasst euch nicht irritieren davon, lasst eure Aufmerksamkeit nicht davon fesseln. Sondern konzentriert euch auf den Weg. „Wer beharrt bis ans Ende, der wird selig werden“ (V13), was doch nichts weiter heißt als: Der wird ans Ziel kommen, unbeschadet, und das wiederum heißt: In dem wird die Liebe *nicht* erkalten (vgl. V12). Der wird nicht in Verrat und Hass abfallen. „Erkaltete Liebe“ - das ist ja auch ein Wort für Burnout. Wer nicht mehr brennt, wird kalt.

Was heißt das für mich hier und heute? Mich auf den Weg konzentrieren. Haushalterisch leben. Es geht nicht um gestern und es geht nicht um morgen. Auf den Tag heute kommt es an. Um die heutige Etappe geht es, nicht mehr, nicht weniger. Es ist eine Winterreise: Das Liegenbleiben lockt, die Müdigkeit ist so groß. Aber das ist Versuchung - es bedeutet den Tod, den Tod durch Erfrieren. Nicht zum Mann mit dem Leierkasten werden. Der ist erstarrt. „Barfuß auf dem Eise wankt er hin und her und sein kleiner Teller bleibt ihm immer leer“. „Keiner mag ihn hören, keiner sieht ihn an.“[3] Drohendes Ziel - Ende meines Lebenswegs. Nein, sondern durch das Eis hindurch den Weg zu Asslan suchen. Trotz aller Widerstände. Nur so wird es Frühling.[4]

Ein Jahr später: Schöne Worte, die ich da im letzten Winter aufgeschrieben habe, exakt vor einem Jahr. Der Wochenpsalm (Psalm 80) ist wahrhaftig: Du speist mich mit Tränenbrot, tränkst mich mit einem Krug voll Tränen. Gestern abend war ich nur noch Schreien und Weinen. So laut, heftig und lang habe ich zuletzt als Kind geweint. Und bin keineswegs getröstet. Wie soll denn die Liebe in mir weiter brennen? Ich nicht erstarren im Unglauben? Heute muss er mich trösten. Ich habe es ihm gesagt.

gern hätte ich
mollig warmen
kuscheltrost
immerhin
brennt schon
die zweite kerze

doch das happy end
sagt er
kommt erst
wenn alle kerzen
ausgebrannt sind

zuvor
wird es nicht besser
sondern schlimmer

so höre ich
aus diesem text
an diesem morgen
nur den appell
des weitergehens

um wenigstens
nicht zu erfrieren
in gleichgültigkeit

haec autem
initia sunt
dolorum[2]

Ich kann mich immerhin entlasten; kann verzichten auf den Kindergarten. Verzichten auf so vieles. Dann bin ich wenigstens diesen schweren Rucksack los. Ich bin mir nicht sicher genug, dass mein geschlachteter Menschenbruder Jesus durch meine Projekte geehrt wird. Ist er nicht der arme Lazarus? Gehöre ich nicht wirklich, um ihn zu ehren, dorthin, auf die Straße, in die Gosse? Dort hockt er, der Verachtete. „So lasst uns nun zu ihm hinausgehen aus dem Lager und seine Schmach tragen“: Nach draußen, vor das Tor (Hebräer 13,12-13). In die Trostlosigkeit, um des Menschen Jesus willen. Um dort den Bruder zu finden, den toten, den zerschundenen Kadaver, den Entstellten, das Opfer der Entmenschung.

[2] „Dies aber sind erst die Anfänge der Schmerzen“ (Matthäus 24,8).

[3] Franz Schuberts Liederzyklus „Die Winterreise“, letztes Lied.

[4] Vgl. C.S. Lewis, Narnia.

Meditationstext: Jesaja 63,15-64,3

trainer
diese
neue
zumutung
schultere ich
ebenfalls

ich
richte
mich
auf

stehe
fest

es ist
ja nur
zum training
dass du
noch schwerer
bedrückst
statt
endlich
zu trösten

nur wisse
das kostet
dich
mein
vertrauen

„Deine große, herzliche Barmherzigkeit hält sich hart gegen mich. Warum läßt du uns, Herr, abirren von deinen Wegen und unser Herz verstocken? Wir sind geworden wie solche, über die du niemals herrschtest, wie Leute, über die dein Name nie genannt wurde“ (63,15-19). So ist es. Genau das ist meine Frage. Gott hat es zugelassen. Wie sehr bin ich doch gedemütigt. Wie sehr und wie übel hat er mich klein gehalten. Disqualifiziert und zur Kargheit verdammt. Ich gehöre nicht dazu und friste mein Leben in Armut. „Tröste uns wieder“, heißt es im Wochenpsalm 80. Ich weiß nicht: *wieder?* Denn wann war ich schon je wirklich getröstet und getrost? Und soll ich sagen: Ich gehöre nicht *mehr* dazu? Wann habe ich denn je wirklich dazu gehört? „Lass uns leben, damit wir dich anrufen“ (Wochenpsalm 80). Mir fällt meine Gebetserfahrung auf jenem Spaziergang am See wieder ein, als es mir schien, als wäre mir Jesus ganz nah und als würde er voller Verständnis und Mitgefühl zu mir sagen: „Ich weiß, wie es dir geht und wie schwer es für dich ist. Es tut mir unendlich leid. Ich weiß, du kannst es nicht verstehen. Es gibt keinen anderen Weg für dich. Du wirst es schaffen.“

Ich habe mich verändert. Ich bin stark geworden. Geduld? Harren? Ja, zu denen, die harren, zu denen gehöre ich wirklich.

Was heißt das für mich hier und heute? Ich schütze meine Würde. Ich achte heute sehr gut auf mich. Ich bin barmherzig zu mir selbst. Konkret? Menschenfreundlich planen. Für diesen heutigen Tag.

Ein Jahr später: Was gibt es dem Aufschrieb vor einem Jahr noch hinzuzufügen? Auch jetzt gilt: Genau so ist es. Um drei Uhr bin ich aufgewacht, um vier Uhr aufgestanden. Vorgestern habe ich so unglaublich elend und verlassen geweint. Und als ich zurückkam, weil ich Beratungsgespräche führen musste, war ich nicht getröstet. Ich hatte gehofft, dieser Jesajatext heute morgen sei die Zusage „Ich will euch trösten, wie einen seine Mutter tröstet“. Nein, die kommt erst drei Kapitel später. Aber so stimmt es ja: „Deine große, herzliche Barmherzigkeit hält sich hart gegen mich". Das kann man doch gar nicht treffender formulieren. Ja, er hat uns in die Irre gehen lassen, in der Tat. Ja, das Heiligtum ist zertreten (63,18). Ja, wir sind geworden wie solche, über die du niemals herrschtest. Ja, und das war schon seit langer Zeit so. Aber es musste offenbar noch schlimmer kommen. Und ich warte und warte auf den Regen. Ich harre und harre und harre.

„Du bist doch unser Vater". Oh ja, treffender geht es wirklich nicht - jeden Tag kam ich voller Vertrauen in seine Barmherzigkeit zu ihm. Ja, so ist es: Unser Vater, ohne den ich Waise bin, so ein unglaublich elend verlassener Waise. Mein Vater, der mich aufnimmt. Oh, du große, herzliche Barmherzigkeit - wie hart bist du gegen uns, auch gegen meine nächsten Mitmenschen, die so furchtbar mitbetroffen sind. Sehr, sehr hart.

Wo ist dein Eifer,
dein Heldentum,
das Regen deiner Eingeweide,
dein erbarmender Busen,
dass sie sich mir vorenthalten?!
Du bist ja unser Vater!
(Buber/Rosenzweig)[5]

Deine große,
herzliche
Barmherzigkeit
hält sich
hart
gegen
mich
(Luther)

Jesaja 63,15-64,3

Zweiter Advent

Donnerstag

Meditationstext: Jesaja 35,3-10

Gerade hatte ich gedacht: Ach, das wird wieder so ein Endzeittext sein - und nun dieses: *Mein* Bild vom dürren Land und die Zusage: „Stärket die müden Hände und macht fest die wankenden Knie! Saget den verzagten Herzen: Seid getrost, fürchtet euch nicht! Gott, der da vergilt, kommt und wird euch helfen" (V3-4). „Denn es werden Wasser in der Wüste hervorbrechen und Ströme im dürren Lande. Und wo es zuvor trocken gewesen ist, sollen Teiche stehen, und wo es dürre gewesen ist, sollen Brunnquellen sein" (V6-7). Und eine gute, geordnete Bahn wird es geben, eine Bahn des Friedens, einen Weg zu guten Zielen, eine Bahn ohne Torheit und bewahrt vor der Herrschaft der Angst, eine Bahn ohne Löwen und anderes reißendes Getier. Eine

[5] Martin Buber, *Die fünf Bücher der Weisung,* Die Schrift, verdeutscht von M. Buber gemeinsam mit F.Rosenzweig, Bd. 1, 10., verbess. Aufl. der neubearb. Aufl. von 1954, (Deutsche Bibelgesellschaft: Stuttgart, 1992).

Methodik des Friedens. Meine Arbeit als ein solcher Ort: Neue Bahnungen des Friedens. Werkstatt der Konstruktivität. Dieser Text heute ist wie ein mit Zusage gefüllter Schwamm. Gib nicht auf, sagt er mir, du zu recht Verzagter, du Müder - und wie ich müde bin! Gib nicht auf und vertraue, wirf dein Vertrauen nicht weg, es lohnt sich, nur noch ein bisschen, harre aus, bleibe geduldig und geh einfach weiter.

Was heißt das für mich hier und heute? Natürlich wieder dasselbe: Haushalterisch leben. Konzentriert und vorsichtig, auf jeden neuen Schritt bedacht. Das ruhige Gleichmaß wahren. Nur heute, nur diese eine Etappe. Und dann kommt die Nacht und die Ruhe, und dann kommt wieder ein neuer Tag, ein anderer Tag, heute muss er mich nicht kümmern. Gott hat gesprochen: Geh weiter, gib nicht auf, es lohnt sich, ich verspreche es dir. Nichts wird bleiben von der Dürre, du sollst staunen und jubeln über den sehr großen Segen.

grablied

vielleicht ist
mein glaubensweg
der mir
einst
gerade
schien
und fest

vielleicht ist
meine kreisspur
durch wüste
alle jahre wieder

dem morgenstern
entgegen
dem hitzeflimmern
gnadenloser
sonne

vielleicht ist
mein wüstenkreisweg
doch
in wirklichkeit
spirale
aufwärts

vielleicht
werde ich
es wissen
wenn ich
weitergehe

erst wenn
meine füße
ihren dienst
versagen
gebe ich auf

kommt dann
der engel
und trägt mich
in abrahams schoß
verblasst
die fata morgana
im kühlen
morgenlicht
die heimatglocken
sprudeln
trost

hoffentlich

Zweiter Advent

Freitag

Meditationstext: Offenbarung 3,7-13

„Siehe, ich habe vor dir eine Tür aufgetan, und niemand kann sie zuschließen; denn du hast eine kleine Kraft und hast mein Wort bewahrt und hast meinen Namen nicht verleugnet“ (V8). So ist es. „Weil du mein Wort von der Geduld bewahrt hast, will auch ich dich bewahren“ (V10).

Was heißt das für mich hier und heute? Ich glaube nicht an die verschlossenen Türen, ich glaube an die offenen. Wenn Gott eine Tür zu macht, dann macht er eine andere auf. Ich gehe heute durch die offenen Türen. Ich habe heute Zukunft. Ich bin nicht auf der Verliererstraße, ich bin auf der Siegerstraße. Darum ist dieser Tag ein sehr guter Tag. Ich werde Fortschritte machen, gut vorankommen, eine sehr befriedigende Etappe. Und ich werde dabei nicht aufzuhalten sein. Ich wandere gut. Denn ich habe sein Wort von der Geduld bewahrt, ich habe es ernst genommen, und ich bin geduldig. Diese Erkenntnis ist mir so wichtig: Ich *bin* geduldig; sie ist so wichtig wie die andere: Ich *bin* dankbar, und die andere: Ich *habe* sein Wort bewahrt. Und darum kann ich auch einer tief glaubenden Persönlichkeit, wie der alten Dame gestern, Seelsorger sein.

siehe da
ein steig
schmaler
pfad
wieder anders
als gedacht
bis gestern
nicht im plan
fernab
der schwarzen
überhohen
tempeltür
des regungslosen

fernab
des fernen
gottes
ganz nah
dir selbst

Ich weiß, wovon ich spreche. Ich habe acht gegeben, die Zeit ausgekauft. Und trotzdem bin ich eingebrochen, übelst gefallen, unsanft aufgeschlagen, überaus tief verletzt, trotzdem habe ich alles verloren, was mir bedeutsam war - auf der Beziehungsseite. Und trotzdem bin ich auf beruflicher Seite in Dauernot, in nicht enden wollender Dürre. Die „kleine Kraft“, im Griechischen *oligopsychos* = „wenig Seele“, bedeutet: *wenig* Kraft zu haben, schwach, sehr schwach und sehr, sehr bedürftig zu sein. Oh ja, das bin ich allerdings. Ich gehe tapfer und konsequent meinen Weg - Schritt für Schritt, immer weiter (Parole von gestern). Mehr ist nicht drin. Ich muss aufgesucht werden, ich brauche tröstliche Begegnung, ich brauche Engel, ich brauche Gottes Gegenwart. Ich bin arm und einsam.

Schau hin und erkenne, eine offene Tür ist dir gegeben,
niemand kann sie schließen, wenn nicht du selbst.
Erkenne und durchschreite sie.
Du schaffst es, dein kleines bisschen Tugendkraft genügt dazu.
Lass dich nicht beirren, du bist nicht zu schwach.

Du findest den Weg der Geduld,
weil du standhältst, um Geduld zu üben.
Dies ist der Weg des Glaubens.
Wer Ohren hat, der höre

Samstag

Dritter Advent

Leitmotiv: Wegbereitung für das Kommen Gottes zu uns

Wochenspruch: „Bereitet dem Herrn den Weg, denn siehe, der Herr kommt gewaltig."
Jesaja 40,3.10

Wochenpsalm 85
Meditationstext: Jesaja 40,3.10

Straßenbau. Planierraupen. Erdbewegung. Alles wird geglättet. Bis die Bahn frei ist und der Verkehr rollt. Bin ich ein Straßenbauer Gottes?

Was ist da schon alles gebaut worden. Ist er gekommen?

Hat sich etwas zum Guten verändert? Sind Menschen freier geworden? Froher? Zufriedener? Natürlicher? Menschlicher?

"Machs wie Gott, werde Mensch" (Franz Kamphaus). Dann wird die Bahn für den wahren Menschen frei.

Es geschieht wirklich in dieser Reihenfolge: Erst mein Bereiten, dann sein Kommen. Ich habe das lange Zeit falsch verstanden, weil ich falsch belehrt war. „Werkgerechtigkeit" sei mein vorlaufendes Tun, auf das Gott mit seinem Segen erst reagieren soll. Umgekehrt müsse es gedacht werden: Alles liegt an Gottes Segen, mit meiner Macht ist nichts getan. Erst wenn Gottes Geist in mir Raum finde, könne ich seinen Willen tun.

Das sehe ich auch heute so: Alles liegt an Gottes Segen und wenn nicht sein Geist mich bewegt, seinen Willen zu tun, dann bewegt mich gar nichts dazu. Es gibt eine vorlaufende Gnade, die unserem vorlaufenden Tun vorausgeht, die es überhaupt erst in Gang bringt. Es gibt eine begleitende Gnade, die es uns überhaupt ermöglicht, unser vorlaufendes Tun zu verwirklichen. Und es gibt eine Gnade des Erfolgs, eine Segensspur, die wir hinterlassen dürfen. Und nicht zuletzt gibt es die Vergebungsgnade, die uns im Scheitern schützt und uns zu immer neuem Anfang ermutigt. Aber ich selbst bin es, der sich bewegen lässt oder nicht und der sich bewegt oder nicht. Aus mir selbst heraus, weil ich es will. In Freiheit. Nicht, weil ich muss. Und nicht, weil ich dafür belohnt werde. Hierin liegt der Unterschied, denn dies ist in Wahrheit Werkgerechtigkeit: Tun, was Gott sagt, um Lohn dafür zu bekommen. Ein Handel, ein Arbeitsvertrag. Aber das ist nicht echt, es kommt nicht von Herzen, es bleibt ohne Liebe.

„Wegbereitung" ist ein Hauptbegriff in Dietrich Bonhoeffers Ethik. Er meint nicht nur das Vorlaufende, sondern auch das Vorläufige. Das, was aus unseren eigenen, menschlich begrenzten Entscheidungen im Horizont unseres eigenen Urteilens hervorgeht. Das, wovon niemand sagen kann: „Jetzt habe ich ganz lupenrein den Willen Gottes verwirklicht." Sondern das Bessere im Unterschied zum Schlechteren, oft auch nur das geringere Übel. Nicht den reinen Willen Gottes, der mir irgendwie glasklar aufleuchtet, sondern das, was nach meinem Kenntnisstand so etwa in diese Richtung geht, rein nach dem Gewissenskompass, rein nach der Stimme des Herzens, nicht aber auf festen Schienen und nach Fahrplan.

> *"Nicht ein 'absolutes Gutes' soll verwirklicht werden, vielmehr gehört es zu der Selbstbescheidung des verantwortlich Handelnden, ein relativ Besseres dem relativ Schlechteren vorzuziehen und zu erkennen, daß das 'absolut Gute' gerade das Schlechteste sein kann."* *Dietrich Bonhoeffer*[6]

[6] Dietrich Bonhoeffer, *Ethik*, zusammengestellt u. hg. v. E. Bethge, 10. Aufl. (Christian Kaiser: München, 1984), 242.

Sonntag

Dritter Advent

Meditationstext: Matthäus 11,2-10 (Evangelium)

eingekerkerter
nächster
hinrichtungskandidat
zu sein
ist nicht
das problem

sondern
den sinn
nicht
zu sehen

gern
will ich
leiden
wenn
du
mir
deutlich
sagst
wozu

Johannes hat andere Vorstellungen von Jesus. Jesus verhält sich nicht so, wie er es dachte. Er ist irritiert. Ja, er ärgert sich über Jesus. Er ist sehr enttäuscht. Nichts ändert sich. Herodes kann weiter schalten und walten, wie er will. Ohnmächtig steht Johannes vor dieser Wand. Er hat verloren. Er hat keine Chance. Er hat es sich so anders vorgestellt. Die Armut wird nicht abgeschafft, sondern den Armen wird das Evangelium gepredigt. Und sie bleiben arm. Und Herodes wird immer reicher und saugt mit den Römern zusammen das Land immer weiter aus. Unrecht überall, nichts ändert sich, es wird nur immer schlimmer.

Aber dass den Armen das Evangelium verkündet wird, das wird alles verändern. Denn sie werden nicht mehr mut- und hoffnungslos bleiben. Das Licht der Hoffnung kommt in ihre Dunkelheit. Sie werden lebendig: Sie können sehen und gehen, sie erkennen sich als rehabilitierte Menschen, sie hören, sie finden ein neues, ganzes Ja zum Leben, sie stehen auf. Der Aufstand des Lebens hat begonnen - Neues ist geworden.

Gottes Reich ist da. Die Saat der Freiheit wird gestreut und sie geht auf. Aber sie braucht ihre Zeit. Der Weg ist bereitet. Der Auftrag des Täufers ist vollendet. Darum kann er jetzt auch dem Tod ins Auge sehen. Die Krone des Lebens ist ihm gewiss. Er hat den guten Kampf gekämpft, er ist zum Ziel gekommen.

Ich will mich nicht ärgern an Jesus. Johannes ist mehr als ein Prophet und Jesus ist mehr als Johannes. Johannes war nicht angepasst - Jesus ist es erst recht nicht. Johannes war kein Mensch der oberen Etagen - und Jesus ist es erst recht nicht. Beide erregen Ärger und üben Verzicht um der Liebe willen. Beide sind sehr anders als der Geist der Welt. Jesus sagt: Das ist meinen Nachfolgern auch beschieden. Aber er sagt es nicht bitter, sondern völlig unbekümmert. Denn nur das ist Freiheit, nur das ist Evangelium. Der Gegenstück zu dieser Freiheit gipfelt in der Groteske des herodianischen Hofs (Matthäus 14,1-12). Da wird der große König zum ganz armen Sklaven der Abhängigkeiten, die er sich selbst geschaffen hat, um diese Größe zu erreichen. Und zum Sklaven der Angst.

Dritter Advent

Montag

Meditationstext: 1.Korinther 4,1-5

Wie vornehm schreibt Paulus hier, wie taktvoll, auch sich selbst gegenüber. Er verurteilt nicht, er bricht nicht den Stab. Er macht den Unterschied zwischen dem, was vor Augen ist, und dem, was im Herzen ist. Das sieht nur Gott. Weisheit ist das. „Kein Recht zum Richten" steht über diesem Abschnitt in meiner Bibel - das ist gut gewählt.

ich werde mich nicht in vorurteilen und urteilen verhaken

ich muss nicht erst wissen wo deine schwächen sind bevor ich mich auf dich einlasse

von dir erwarte ich mir gegenüber ähnliches

Es geht Paulus nicht darum, dass jeder (andere) seinen Tadel von Gott bekommt, nein, er freut sich auf das *Lob*. Gottes Gericht ist Lobgericht. Dem, was lobenswert ist, denkt nach. Konstruktivität! Horchen auf das Gute. Frieden suchen.

Tröstlich, der liebe Bruder Paulus. Er denkt gut, er segnet, bene dicens[7]. Verlässlich. Das macht seine Treue aus. Vor ihm muss man keine Angst haben, auch, wenn man „etwa von einem Fehl übereilt wurde" (Galater 6,1). Er ist bereit, aufzuhelfen mit sanftmütigen Geist. Jesus ist so. Gott ist so. Barmherzig, und er schilt keinen, der zu ihm kommt (Jakobus 1,5).

Wie wird das verdreht. Weh dem, der Ärgernis gibt einem der Kleinen, die an Jesus glauben (Matthäus 18,6). Weh dem, der den Schwachen und Verzagten Angst macht, der die Kleinmütigen beschwert.

Dass ich treu haushalte oder jedenfalls darum bemüht bin, das kann ich schon von mir sagen. Und um mehr geht es ja nun auch nicht.

Manches aus dem Wochenpsalm 85 spricht mir aus dem Herzen: Mit „Bitte um neuen Segen" ist er in der Lutherbibel überschrieben. „Lass ab von deiner Ungnade über uns! Willst du denn ewiglich über uns zürnen und deinen Zorn walten lassen für und für?" (Psalm 85,5-6). Darum geht es: „Dass unser Land seine Frucht gebe" (Psalm 85,13). Dass unsere Arbeit sich bezahlt mache. Und im Psalm der letzten Wo-

[7] Benedicere = „Gutes sagen" ist das lateinische Wort für Segnen.

che stand: „Wie lange willst du zürnen, während dein Volk zu dir betet?" (Psalm 80,5). Gott hat es zugelassen, dass sein „Weinberg" Israel zerstört wurde. „Warum hast du denn seine Mauer zerbrochen, dass jeder seine Früchte abreißt, der vorübergeht? Es haben ihn zerwühlt die wilden Säue und die Tiere des Feldes ihn abgeweidet" (Psalm 80,13-14). „Lass uns leben, so wollen wir deinen Namen anrufen" (Psalm 80,19). Und dann fällt mir noch ein, was ich in Psalm 90 gelesen habe: „Erfreue uns nun wieder, nachdem du uns so lange plagest, nachdem wir so lange Unglück leiden" (Psalm 90,15). Und in Psalm 39: „Lass ab von mir, dass ich mich erquicke, ehe ich dahinfahre und nicht mehr bin" (Psalm 39,14).

Dienstag

Dritter Advent

Meditationstext: Lukas 3,1-14

Was Johannes da fordert, ist gar nichts Besonderes: Teilen, ohne dabei selbst zu kurz zu kommen. Es ist ja noch nicht einmal gesagt, dass dieses Hemd geschenkt sein muss. Nur einfach achtgeben sollen wir auf den, der Not hat, und eben dort, wo er sie wirklich hat: Kein Hemd zu haben, das ist menschenunwürdig. Das möchte Johannes: Dass wir nach dem Notwendigen fragen, nach dem, was wir brauchen und was die anderen brauchen. Mehr nicht. Das ist die treue Haushalterschaft (vgl. Text gestern, 1.Korinther 4,1-5). „Es ist dir gesagt, Mensch, was der Herr von dir fordert ..." (Micha 6,8). Durchaus keine besonderen Bußleistungen, nur ganz normale Menschlichkeit. Das ist die „Buße zur Vergebung der Sünden" (V3). Buße ist revidierter Lebensstil: Rückkehr von der Unmäßigkeit zur ausgeglichenen Menschlichkeit. Ja, Ausgleich und Ausgeglichenheit: Das passt gut hier her, darum geht es. Und das bedeutet natürlich auch immer: Nicht beschlagnahmt sein von der eigenen Sorge, weil sie kleinlich, geizig, blind für das macht, was der andere von mir braucht.

johannes
der wegbereiter
schlechthin
sagt
vor allem
den hütern des geldes
dass almosen
nicht genügen
sondern
dass sie
teilen sollen
dass sie nicht
raffen sollen
auf kosten
anderer

den hütern der macht
dass sie diese nicht
missbrauchen sollen

andernfalls
leben sie
zum schlimmen
leidwesen
der armen
und ohnmächtigen
am leben
vorbei
nutzlose
wichtigtuer
schwätzer

dies also
ist
das ganze
programm
der wegbereitung
des messias

recht wenig
salbungsvoll
schon fast
gewerkschaftlich

so bleibt
die frage
an mich
und dich
auf welcher seite
wir
uns befinden

denn sobald
lazarus
bei den hunden
unter
dem casinotisch
ein kleines
päckchen
zufällt
von da oben

geht auch ihn
diese
rede
etwas
an

Einfach nur normale *Menschen* sollen und dürfen wir sein. Lasst euch genügen. Vertraut. Euer himmlischer Vater weiß, was ihr braucht (Matthäus 6,25-32). Kommt in Balance, werdet vernünftig. Werdet ganz einfach nur menschlich. Es ist so einfach, es ist so undramatisch, fast banal. Sich genügen lassen. Zufrieden sein mit dem Passenden. Nicht zu viel, nicht zu wenig soll es sein.

Aber die Habgier ist eine Hauptwurzel des Übels (1.Timotheus 6,10). Raffen und Geizen. Wie auch die Armut! Es ist bitter, kein Hemd zu haben. In Lumpen gehüllt zu sein. Es ist entsetzlich peinlich. Es grenzt aus. Die Sorge der Armut zerstört genau wie der Geiz des Reichtums. Not und Habgier: Das sind die beiden Klingen der Schere, durch die das Werk der Liebe zerschnitten wird.

Geldmissbrauch und Machtmissbrauch, das sind die Themen der johanneischen Bußpredigt. Das ist sehr, sehr lebensnah. Das ist Wegbereitung für das Reich Gottes. Das Reich Gottes tritt mit dem Anspruch der Lebensveränderung im Alltag auf und diese vollzieht sich sozial (vgl. dazu den Jakobusbrief!). Nicht wie bei den Wirten in Bethlehem. „Macht hoch die Tür“ bedeutet: Mach’ die Tür auf für deinen Mitmenschen. Lass ihn ein, lass ihn dazugehören, nicht nur am Rand wie die Armen im Gottesdienst der Gemeinden, die Jakobus kritisiert. Teile - teile dich mit, gib Anteil, teile auf, beziehe ein. Gib, so wird dir gegeben (Lukas 6,38). Sei großzügig in der Mitteilung deiner Gaben. Verkaufe alles, was du hast (Markus 10,21).

Was heißt das für mich hier und heute? Ich habe Anspruch auf mein Hemd. Anspruch auf meinen Sold. Der Arbeiter ist seines Lohnes wert. Ich habe Anspruch auf ein menschenwürdiges Leben. Es müssen nicht einmal die zwei Hemden sein, aber es ist schön, zwei Hemden zu haben, denn es ist schön zu teilen. Zwei Hemden bedeutet ja nichts weiter als: Ich habe etwas übrig. Mir fehlt nichts, wirklich nichts, wenn ich es dir überlasse. Ich muss nicht horten. Ich stelle zur Verfügung. Ich mache etwas aus meinem Kapital, meinen Pfunden. Ohne selbst dabei zu kurz zu kommen.

Genau so. Gott hat mich zwischen Hemd und Lumpen angesiedelt. Er hat mich mit unterstem sozialem Niveau geehrt. Ich weiß jetzt, wie das ist, ich weiß es gut genug. Ich erwarte, dass es sehr deutlich anders wird. Der Arbeiter ist seines Lohnes wert.

Mittwoch

Dritter Advent

Meditationstext:Römer 15,4-13

Ich bin sehr überrascht und verwundert über die Gottesnamen, die Paulus hier bildet: Ein Text voller Trost und Erbarmen. Darum: „Nehmt einander an“ (V13).

„Der Gott der Geduld und des Trostes“ (V5) - „der Gott der Hoffnung“ (V13)! An einen anderen muss ich nicht glauben. Und will es nicht und werde es nicht. Der Christus, der mich annimmt, wie ich bin. Der Gott des Friedens und der Verständigung. Die Liebe. Das absolute Ja zu meinem Leben. Das absolute Ja zu allem Leben.

Nicht der Gott, der mich mit dem Stiefel in den Rücken tritt. „Denn du hast ihr drückenes Joch, die Jochstange auf ihrer Schulter und den Stecken ihres Treibers zerbrochen“ (Jesaja 9,3). Wie am Tage Midians durch Gideon - mit seiner kleinen Kraft: „Siehe, ich habe vor dir eine Tür aufgetan, und niemand kann sie zuschließen, denn du hast eine kleine Kraft und hast mein Wort bewahrt und hast meinen Namen nicht verleugnet“ (Offenbarung 3,8). Ja, ich will lieber die Tür hüten an meines Gottes Haus als wohnen in der Gottlosen Hütten (Psalm 84,11). „Wohl den Menschen, die dich für ihre Stärke halten und von Herzen dir nachwandeln! Wenn sie durchs dürre Tal ziehen, wird es ihnen zum Quellgrund, und Frühregen hüllt es in Segen“ (Psalm 84,7).

Was heißt das für mich hier und heute? Was höre ich? Was verstehe ich? Welche Tür ist offen? Wie kann ich weitergehen? Was will ich? Welcher Schritt des Glaubens führt mich weiter? Heute?

christophorus

als du mutig
deinen fuß
in deinen
jordan
setztest
wie mose
den stab
reckte
todesgrauens
gewärtig

und
der jordan
etwas
wich

da
wusstest du
noch nicht

dass
der gott
der hoffnung
und des trostes
ihn wieder
etwas
schwellen
lassen würde
gegenströmig

und deine füße
bleiern würden
und das lebensfrohe
kind
auf deiner schulter
dich
niederdrücken würde
wie der balken
in der kelter
die frucht

um ausgepresst
mitten
im jordan
dennoch
weiter
zu gehen

schwersten
schrittes
atlas gleich
jenseits der kraft

nur
um
endlich
heim
zu kommen

Eins ist klar: So löblich es sein mag, wenn ich jetzt sogar vermehrt Tätigkeiten übernehme, die mir gar nicht liegen, so klar ist auch die Tatsache der „Angewiesenheit", nicht Abhängigkeit, gewiss nicht, aber Angewiesenheit: Wenn ich nicht unterstützt werde, von außen, dann bin ich eben an meiner Grenze, trotz aller eigenen Bemühungen.

Dritter Advent

Donnerstag

Meditationstext: Jesaja 40,1-11

„Die Tal lasst sein erhöhet, macht niedrig, was hoch stehet, was krumm ist gleich und schlicht", heißt es im Wochenlied (EG 10). Wo fehlt in meinem Leben die Balance? Was braucht dringend Ausgleich?

Von „doppelter Strafe" ist die Rede (V2) - warum? Heißt „doppelte Strafe" nicht ungerechte Strafe? Ja, das ist Strafe, die in keinem rechten Verhältnis zur Schuld mehr steht. Strafe im Übermaß. Viel zu harte Strafe. Strafe, die ihren pädagogischen Zweck nicht mehr erfüllt, weil sie ganz und gar entmutigt. Strafe, deren Sinn nicht mehr erkennbar ist.

Warum müssen Menschen das erleben? Warum ich? Wieder einmal stoße ich auf das Geheimnis des Bösen. In Jesaja 10,5-7 wird ein Fluch über den Großkönig von

Assur gesprochen, der zwar Gottes Strafgericht ausführt, aber dabei viel zu weit geht. Und Gott lässt es zu! Doppelte Strafe. Ungerechte Strafe. Das verlangt nach doppeltem Trost. Und der ist zugesagt: „Tröstet, tröstet mein Volk". Tröstet zwei mal. Tröstet doppelt.

Die Gestraften werden rehabilitiert. Ihr Unrecht tritt in den Hintergrund, ihre Not in den Vordergrund. Jetzt wird nichts mehr aufgerechnet. Der strenge Richtergott wird ganz mütterlich. Sein gnadenloser Richtersinn tritt in den Hintergrund, das Erbarmen beherrscht die Bühne. Der Blickwinkel verändert sich: Schwach und vergänglich sind die Gestraften, einfach menschlich. „Ja, Gras ist das Volk!" (V7). Die Not hinter der moralischen Verfehlung kommt zum Vorschein und wird Gegenstand der Betrachtung. Eine neue Theologie der Barmherzigkeit! Nicht von ungefähr verdichtet sich das „Trostbuch Jesajas"[8] in Kapitel 53 zum prophetischen Bild des stellvertretend leidenden Gottesknechtes, auf dem all unsere Strafe liegt. Darum soll das Thema „Strafe" nicht mehr dominieren dürfen. Barmherzigkeit ist angesagt!

eben

nicht mehr
hin und her
gerissen
auf und ab
geworfen
gebeutelt

sondern
ausgeglichen

sturm
und wellen
sind vergangen

ganz ruhig
liegt der see
und eine sanfte brise
füllt mein segel

„Lass ab von deiner Ungnade gegen uns", heißt es im Wochenpsalm 85. Es regt sich Widerstand. Dem Bild vom strengen Richtergott, der unserem Unrecht mit gleicher Münze heimzahlt, wird widersprochen. Die erste große Streitschrift dieser Art ist das Buch Hiob. Da prallen die Theologien hart aufeinander und die Lehre vom Gott, der die Balance stets dadurch herstellt, dass er auf Unrecht Strafe folgen lässt, wird meisterhaft als unrealistisch, lebensfern und grausam unmenschlich entlarvt. Das Trostbuch Jesajas ist ein weiterer großer Vorstoß dieser Art. Das Geheimnis des Bösen bleibt bestehen. Aber wir sollen glauben, dass Gott barmherzig ist!

Ich meine, dass in jedem Menschen diese beiden Gottesbilder im Widerstreit zueinander liegen. Wir finden nur Frieden, wenn das Bild vom Tröstergott sich in uns durchsetzt. Nur dann können wir vertrauen und Hoffnung gewinnen.

Ja, darauf bestehe ich: Auf dem doppelten Trost. Das ist gut. Ich kann Gebetserwartungen, die nicht ganz wirklichen, großen Trost meinen, nichts mehr abgewinnen. Ich verweigere mich jeglicher Abspeisung. Das ist einfach so, es kommt von innen. Das Bild des Hirten am Ende des Abschnitts (V11) spricht davon: Das ist wirklicher Trost. Nicht, dass Gott das Welken aufhält. Aber dass er uns birgt und sehr liebevoll

[8] So nennt man die Kapitel 40 bis 66.

und sehr großzügig für uns sorgt als der wirklich gute Hirte. Und das ist die doppelte Strafe: Dass wir es nicht erfahren haben. Die Psalmen der letzen beiden Wochen, 80 und 85, sprechen mir so aus dem Herzen. „Warum hast du denn seine Mauer abgebrochen, dass jeder seine Früchte abreißt, der vorübergeht?“ (Psalm 80,13).

Den Weg bereiten heißt: Hin zum Trost! Koste es, was es wolle.

Dritter Advent

Freitag

Meditationstext: Offenbarung 3,1-6

„Nicht vollkommen“ (V2) - das bedeutet: nicht von ganzem Herzen. Die Halbherzigkeit tötet den Glauben. Die Gespaltenheit. „Lebendige Gemeinde“ - nicht der Name macht es, sondern das Herz. Was willst du wirklich? Wofür *schlägt* dein Herz? Was ist deine Berufung? Wo bist du wirklich du *selbst*? Was bedeutet *Freiwilligkeit* für dich?

Aber wie entsetzlich sind die Dissonanzen immer wieder, in mir selbst und dadurch auch in der Beziehung zu meinen Mitmenschen. Friedlos und zerstörerisch. Das krasse Gegenteil von Trost, Zuhause, Geborgenheit, Aufatmen, Ausruhen, Aufleben. Das krasse Gegenteil von entspannter Heiterkeit, spielerischem, unbeschwertem Miteinander. Nicht Gemeinschaft, sondern Schmerz. Nicht Glück, sondern Härte.

tod oder leben

ganz oder gar nicht
keine halben sachen machen
mich beschenken lassen
die fäuste öffnen
weites gefäß
krippe
des einen
wahren
Menschen
diener
des lebens
ganz oder gar nicht

Das ist die Herausforderung: Immer neu aus dem Minus das Plus zu machen. Immer neu und so bald wie nur möglich, mitten im Alltag, die Niederlage durch ein kleines kompositorisches Meisterstück in Sieg verwandeln. Rückbindung an die Freude, den Cantus firmus meines Lebens. Das ist es, ganz gewiss und ohne Zweifel.

Tod oder Leben, ja, darum geht es. Es gibt nichts dazwischen. Konstruktivität oder Destruktivität. Friede oder Krieg. Freude oder Sorge. Glaube oder Unglaube. Trost oder Trostlosigkeit. Hoffnung oder Entmutigung.

Leben, statt mich leben zu lassen. Was bedeutet das konkret für mich?

- Bei meinen Entscheidungen kann ich meist nicht sagen, dass sie die einzig richtigen sind, aber sie sind meiner Kenntnis nach meist relativ gut.

- Ich bin unterwegs und ich bleibe unterwegs. Ich komme voran.
- Ich schlängle mich nicht nur irgendwie durch, sondern ich stelle mich den Herausforderungen meines Lebens, hier und heute.
- Und darum bin ich auch kreativ, aber geordnet kreativ, nicht willkürlich. Die Willkür bringt wenig Gutes hervor. Die geordnete Kreativität hält das Engagement zusammen, wie ein Dirigent das Orchester, die ganz unterschiedlichen Stimmen sind aufeinander bezogen, sie bilden miteinander eine gemeinsame Aussage.

Samstag

Vierter Advent

Leitmotiv: Die Freude über Gottes Ja zu uns

Wochenspruch: „Freuet euch in dem Herrn allewege, und abermals sage ich: Freuet euch! Der Herr ist nahe!" Philipper 4,4-5

Wochenpsalm 102

Meditationstext: Philipper 4,4-5

Die Freude ist das Normale. Gewiss gehört das Lastentragen ebenso zur Normalität des Lebens. Nicht aber die Überlastung. Nicht die Überforderung. Nicht das Pfeifen auf dem letzten Loch. Nicht das Getriebensein. Nicht die Niederdrückung.

Freude kehrt ein, wenn die Grenzen fest sind: Meine Würde ist von einem starken Zaun umschlossen. Nicht eingemauert und verschlossen, aber gut geschützt.

Die Bilder von der Krippe im Stall predigen beides: Den Schutzraum und die Offenheit. Hier hat nur Zutritt, wer still sein mag und aufmerksam wahrnehmen will.

Der Stall mit der Krippe ist ein Urbild der Kirche. Und ein Urbild des Herzens. Sei still, wenn du das Geheimnis der Freude entdecken willst. Kehre ein.

Die hohen Herren fanden es einst bequem, die Geburtskirche in Bethlehem zu besuchen, ohne vom Pferd abzusteigen. Der Eingang war groß genug. Man fand eine gute Antwort: Der Eingang wurde zugemauert. Nur eine Fußgängerpforte blieb. Wer nun hinein wollte, musste herunter von seinem hohen Ross.

Du musst herunter vom hohen Ross, wenn du die Freude finden möchtest. Du kannst sie nicht schnell mal eben durchs Autofenster in dein Leben holen wie den

Hamburger bei McDrive. Sie verschließt sich deiner Kamera. Sie will gesehen werden, angeschaut, betrachtet, meditiert.

Dann blüht sie dir auf, mitten in der Nacht, mitten im Winter. „Und hat ein Blümlein bracht mitten im kalten Winter wohl zu der halben Nacht" (EG 30).

Vierter Advent

Sonntag

Meditationstext: Lukas 1,46-55 (Evangelium)

ansehen

nicht
über mich
hinweggehen
nicht
über dich

stehen bleiben
still
sehen
und
barmherzig werden

Maria, die Niedrige, die Magd. Gott erhöht sie. Und sie weiß, dass dies nicht nur ihre eigene Sache ist. Sie preist Gott, weil er gerecht ist und Recht schafft. Er hilft den Bedrückten und Gebeugten auf.

Gott kann nur leere Hände füllen. Die Seligpreisungen der Bergpredigt gelten denen, die ihren Mangel wahrnehmen. Wo ich schwach bin, da ist er stark.

Als Trostwort ist es wahr, aber als Beschönigung des Gebeugtseins wäre es falsch. Dann müssten ja die gebeugte-sten Menschen die glücklichsten sein.

Gebeugt und leer zu werden - vielleicht ausgebrannt durch die unheilvolle Kombination von überforderndem Dienst und persönlichen Problemen - das ist nicht im Sinne des Erfinders und dennoch eine Erfahrung, die jeder von uns machen kann, aus dem einfachen Grund, dass er ein Mensch ist wie alle anderen auch. Gebeugt und leer zu sein sind Grunderfahrungen unseres Menschseins. Das ist nicht zu beschönigen, aber realistisch zu sehen. Besonders tief beugt uns die Schuld aneinander.

Alle Schuld, die zugefügte und die erlittene, steht unter dem Zeichen des Kreuzes, und das heißt: Es gibt nur eine Antwort darauf: Vergebung. Wo aber diese Beziehungsgrundlage des Vergebens vorhanden ist, da ist die Schuld zwar nicht gerechtfertigt, aber gerichtet, und damit auch ad acta zu legen - nicht mehr relevant. Das befreit dazu, die Tiefpunkte nun offen zu benennen und anzugehen. Das Thema „Schuld" im Sinne von Anklage und Verteidigung hat darin nichts mehr zu suchen. Es darf nun wirklich um die Sache gehen: Da ist etwas im Minus - was lässt sich tun, damit ein Plus daraus wird?

Es gibt einen gemeinsamen Nenner in allen Bemühungen um die Veränderung von

Beziehungsproblemen, wenn sie Erfolg haben sollen: Es ist der Wille zum menschlichen Niveau. Was bedeutet es, wenn wir einem Menschen Niveau bescheinigen? Er hat etwas, das uns Respekt einflößt. Es fließt uns etwas Positives zu von ihm. Wir erleben ihn nicht als Allerweltsmenschen. Er kann uns nicht gleichgültig bleiben. Wir achten ihn.

Die Fragen nach meinem persönlichen Niveau sind: Wer bin ich eigentlich? Was bin ich eigentlich wert? Wer Niveau hat, verkauft sich nicht unter Wert. Wer Niveau hat, lässt nicht alles mit sich machen. Wer Niveau hat, wählt selbst aus, wozu er ja oder nein sagt, sofern ihm das möglich ist. Er gestaltet selbst.

magnificat

gepriesen sei gott
denn die erniedrigung seiner dienerin hat er angesehen
denn er hat sie groß gemacht
mächtig ist sein arm
dass hochmut zunichte wird
die gewaltigen entmachtet er
stößt sie vom thron
aber
die gedemütigten
bringt er
zu ehren[9]

Montag

Vierter Advent

Meditationstext: Philipper 4,4-7

Freut euch „allewege“: Freue dich genau auf diesem Weg, auf dem du jetzt bist, auch wenn du dich gerade in völliger Rat- und Hilflosigkeit befindest. Lobe Gott wie Paulus und Silas im Gefängnis von Philippi (Apostelgeschichte 16,25).

Lass nicht andere dein akutes Problem ausbaden, wirf deine Verantwortung für sie nicht weg. Bewahre deine aufrechte Haltung. Bleibe freundlich trotz deiner Not. Begegne deiner Umwelt mit „Güte“: Das griechische Wort im ursprünglichen Bibeltext meint die Angemessenheit - das, was jetzt gerade, in dieser aktuellen Situation, am besten passt.

„Sorgt euch um nichts!“ Freue dich auf das neue Jahr. Gott hat schon vorgesorgt

[9] Lukas 1,48-52, übersetzt nach dem lateinischen Bibeltext.

für dich. Wenn du dich von der Sorge beherrschen lässt, kannst du nicht mehr angemessen urteilen und dich darum auch nicht mehr angemessen verhalten. Sorge ist Versuchung! Darum dieses stilistische Paradox, dass Paulus uns die Freude geradezu im Befehlston nahe legt. Damit wir dem Sorgengeist konsequent widerstehen! Die Sorge ist der Türöffner für Stress im Übermaß, für Hektik und Panik, für Reizbarkeit, für Gleichgültigkeit den ganz normalen Ansprüchen des Alltags gegenüber.

die sonne scheint
ich kann
sehen
wenn
ich will

mit offenen augen
offenem blick
offener hand
offenem herzen
wird es warm
in mir
und hell

die freude herrscht
die sorge weicht

und
ich bin
frei
für andere

Das Gegenteil von Sorge ist die Dankbarkeit des Herzens. Nicht die Dankbarkeit aus Pflicht. Dankbarkeit des Herzens entsteht durch Wahrnehmung des Dankenswerten. Das Dankenswerte ist das, was mich freut. Es kann Mühe kosten, sich auf das Erfreuliche zu besinnen. Aber fast immer ist es vorhanden. Oft können wir auch dem Unerfreulichsten noch eine erfreuliche Seite abgewinnen. Indem wir es zum Beispiel nicht als Katastrophe, sondern als große Herausforderung bewerten, die uns dazu gegeben ist, dass wir sie meistern.

Wenn ich mit meiner Vernunft an die Grenze komme und nur noch die Wände sehe, das Gefängnis, die Ausweglosigkeit, dann schlägt sie um in Unvernunft. Aber das gesteht sie nicht ein. „Es ist doch nur vernünftig, in solch einer Lage zu verzweifeln - pure Nüchternheit!“ protestiert sie. In Wirklichkeit spricht da gar nicht mehr meine Vernunft. Eine unwahrhaftige Pseudovernunft hat sich in mein Denken geschlichen. Der Geist der Sorge nimmt den Raum ein und ich bin nicht mehr bei mir selbst.

Auch wenn du es gerade überhaupt nicht spürst: Der freundliche Gott ist dir sehr nah. Suche die innere Übereinstimmung mit seiner Freundlichkeit. Ich denke an die Maus vor meinem Arbeitszimmer. Es befand sich im Souterrain. Eine Treppe führte von außen an die Glastür. Dorthin hatte sich das Mäuschen verirrt. Angstvoll rannte es hin und her. Es fand den Ausweg nicht. Die Treppenstufen waren zu hoch. Ich kam ihm zu Hilfe, indem ich ein langes Brett auf die Stufen legte. Ich baute der Maus den Weg in die Freiheit. Natürlich wurde ihre Angst noch viel größer, als ich kam. Aber es ging nicht anders. Ich musste ihr die Angst zumuten, um sie zu retten. Ich glaube, dass wir Gottes helfendes Entgegenkommen oft auch so interpretieren: Wir hatten auf ihn gehofft, aber nun wird es noch viel schlimmer. Wir können nicht einordnen, was er tut. Darum reagieren wir mit großer Angst. Wir sehen keine Hilfe, sondern nur das Gespenst des Untergangs, das auf uns zu kommt. Aber er kommt, uns zu retten.

Dienstag

Vierter Advent

Meditationstext: Lukas 1,26-38

nicht erschrecken
nicht zumachen
weil es nicht sein kann
weil es nicht sein darf
sondern
glauben
hier
heute
trotzen
leben wagen

Neues wird. Es hat schon angefangen. Dort, wo es unmöglich scheint. Gerade dort. Nicht dort, wo die Macht ist. Nicht dort, wo alle Möglichkeiten sind. Nicht dort, wo man hat, sondern dort, wo man nicht hat. In der Armut. In der Hilflosigkeit und in der Ratlosigkeit. Im Scheitern. In der Angst. „Du weckst lauten Jubel. Vor dir wird man sich freuen, wie man sich freut in der Ernte" (Jesaja 9,2). Erntezeit! „Denn uns ist ein Kind geboren" (Jesaja 9,5) - *dieses* Kind, das Kind der Hoffnung. Hoffnung! Es wird Tag. Es ist Morgen. „Freut euch! Sorgt euch nicht!" (Wochenspruch). Zeit des Aufatmens, Zeit der Erfüllung. Endlich! Ich ahne es, es bahnt sich an. Ganz allmählich dringt die Sonne durch, ganz allmählich kann ich es glauben. Ich darf vertrauen, einfach nur vertrauen. Ich muss nichts machen, kann nichts machen, darf einfach nur empfangen.

Maria glaubt. Und weil sie glaubt, erfährt sie das Geglaubte auch. Wenn es auch so ganz anders wird, als sie es sich vorstellt. Darum wird sie zweifeln, ihre Vision begraben. Als sie den 12jährigen Jesus aus dem Tempel holt, glaubt sie nicht mehr an seine Sendung, nicht mehr wirklich. Ihre Niedrigkeit ist doch nicht angesehen. Die großen Dinge, die der Herr an ihr tat, sind erbarmungslos von der Realität des Alltags zugeschüttet. Kein Gewalttätiger ist vom Thron gestoßen. Nichts tut sich. Joseph versteht nichts, will nichts verstehen. Und dann wird sie erleben müssen, wie ihr Jesus sich am Kreuz zu Tode quält. Noch manche Nacht wird fallen. Doch es hält uns kein Dunkel mehr (EG 16). Der Auferstehungsmorgen ist angebrochen. Es wird Tag. Sieg des Lebens. Sieg der Liebe. Sieg der Wahrheit. Sieg des Friedens, Sieg der Freude. Immer wieder neu, immer mehr. Nein, wir leben nicht von Niederlage zu Niederlage, wir leben von Sieg zu Sieg. So schwach, wie wir sind. Und dabei bleibt es.

Ich habe mich entschlossen, meine persönlichen Gebetsziele im kommenden Jahr sein zu lassen. Ich richte mich in den Gegebenheiten ein. Ich habe genug vom Kindergarten der ach so erwachsenen Christen. Wie brav bin ich im vergangenen Jahr Tag für Tag in das Chefbüro meines himmlischen Vaters gekommen, immer auf sein gnädig einladendes Wort hin, weil er es doch versprochen hat: Er stößt uns nicht hinaus. Und jedes Mal neu habe ich ihm meine bescheidenen Anliegen genannt, wissend und trauend, dass bei ihm nichts unmöglich ist. Er hat mich versorgt, ja. Er hat mir das Allernotwendigste zukommen lassen. Mehr aber nicht. Auch dass ich geschrien und völlig aufgelöst geheult habe wie ein kleines Kind, das die Mutter verlassen hat, konnte ihn nicht von seinem Beschluss abbringen, mich auf diesem tiefen Niveau bleiben zu lassen, ganz unten, wirtschaftlich und sozial. Auf einem Niveau, das weder meinen Fähigkeiten, meinem Einsatz, meiner Ausdauer, meinen Gaben noch meiner Persönlichkeit irgendwie entspricht, das aber mit eiserner Unerbittlichkeit den letzten Platz, der mir schon seit meiner Geburt beschieden war, bestätigt. Das ist nichts anderes als die sachliche Wahrheit.

Ich meine zu verstehen, warum es so ist. Gott zieht tatsächlich die Bogensehne zurück. Das ist die Spannung, die ich erlebe. Er zieht sie brutal weit zurück. Ich habe ihm mein Leben übereignet und er hat es genommen. Ich bin Bogen für seinen Pfeil der Liebe. Er lässt ihn weit fliegen. Nein, er wird den Bogen nicht zerbrechen, denn dann kann er ihn nicht mehr brauchen. Und dennoch stimmt auch das Bild des Zerbruchs: Er hat das Nardengefäß aufgebrochen (Johannes 12,3), indem er mich zerbrochen hat. Mein Ehe ist zerbrochen. Tiefer, schrecklicher, grausamer geht es nicht, es sei denn, der Bogen ginge kaputt.

Er hat mich verwundet, damit ich verwundeter Heiler bin. Mir ist nichts anderes als Bevollmächtigung zur Seelsorge widerfahren. Anders als auf diesem Weg konnte wohl mein Pharisäismus nicht genügend gedämpft werden, anders wäre ich wohl nicht genügend zu Mitgefühl und Akzeptanz des Mitsünders fähig, anders würde es mir wohl an geistlicher Tiefe mangeln, ich wäre ein Schwätzer wie so viele. Nein, ein Schwätzer bin ich wohl nicht mehr. Aber ein Sprachloser, ein sehr unbeholfen Stammelnder. Was habe ich zu sagen? Was weiß ich schon?

Vielleicht verstehe ich jetzt die Klagepsalmen richtig, darum sind sie mir zum eigenen Gebet geworden. Die Klagepsalmisten leiden alle unter demselben: Dass sie nicht nur viel zu leiden haben, sondern viel zu viel. Dass sie längst wissen, was Geduld ist, aber dennoch weiter mit Geduldsübungen geplagt werden wie Abiturienten mit dem kleinen Einmaleins. Dass diese Übungen längst keinen Sinn mehr ergeben. Irgendwann glaubst du sie nicht mehr. Irgendwann entziehst du dich dem Kindergarten. Und dann klagst du eben nur noch und schreist und heulst.

Mittwoch

Vierter Advent

Meditationstext: 2.Korinther 1,18-24

ja
es ist
heute
hier
versprochen
wahr
erfüllt
das ganze
leben
gottes
ungeteilte
gegenwart
für mich

ja
es ist
amen

Jesus ist Gottes Ja zu mir. Meine Antwort darauf ist nicht „Wenn und Aber", sondern „Amen". Das Ja Gottes ist das Ja zu meinem Leben. Darum ist es die völlig geöffnete Tür zur Lebensfreude. Und darum ist jeder echte Verkündiger des Evangeliums nichts als ein „Gehilfe zur Freude" (V24). Das ist eine ganz wunderbare Paraphrasierung von „Seelsorge". Und das ist für mich heute wieder eine ganz starke Bestätigung, den Cantus firmus der Freude unbeirrt zur Grundorientierung jeder Alltagsentscheidung zu machen.

Ich will mir die Freude nicht mehr vermiesen und rauben lassen. Ich will das Leben genießen. Mir ist wieder neu bewusst geworden, wie sehr das von der Disziplin abhängt. Die Disziplin schafft den weitest möglichen Raum für die gute, erfreuliche Erfahrung. Umgekehrt: Durch Disziplinlosigkeit enge ich mir diesen Raum ein, mache mir selbst das Leben unnötig schwer. Disziplin ist Wegbereitung der Freude. Aber sie muss dazu auch der Freude dienen. Es gibt auch eine Disziplin der Angst, sie unterdrückt die Freude, sieht sie als verdächtig an, hält sie klein - verbissene, überernste Disziplin. Seit ich neu die Zügel aufgenommen habe, neu und sorgfältig meinen Tag geplant habe, freue ich mich wieder meines Lebens.

Donnerstag

Vierter Advent

Meditationstext: Johannes 1,19-23

Wegbereiter. Sehnsuchtsvoll ausgerichtet auf sein Kommen. Wissend, dass er schon da ist. Heilsschwangere Zeit. Zeit der Hoffnung, Zeit der großen Vorfreude. Die Zeit ist erfüllt, Gott sendet seinen Sohn.

Nur ein paar Monate später wird Johannes von Herodes eingekerkert und kurze Zeit danach von dessen Henker geköpft (vgl. Matthäus 11 und 14). Im Gefängnis kommen ihm Zweifel an der Erfüllung seiner prophetischen Vision. Ist Jesus wirklich der Messias? Er war sich so sicher. Aber wie Jesus sich jetzt verhält, passt nicht zu seiner Vorstellung. Jesus predigt und heilt, aber er verändert nichts an den schlimmen Zuständen. Seine eigene Predigt hatte einen anderen Schwerpunkt: Soziale Gerechtigkeit! Er gab ganz konkrete ethische Direktiven zur Veränderung. Jesus hätte das fortführen und verstärken müssen. Er selbst ließ es wirklich darauf ankommen und bot selbst dem Mächtigsten im Land unerschrocken die Stirn. Noch jetzt, im Gefängnis, diskutierte er mit Herodes - und brachte ihn ins Nachdenken! So konnte er seine Gefangennahme durchaus als wichtigen Teil der Wegbereitung für den Messias, den wahren Gerechten und wahren König Israels, interpretieren. Der Durchbruch schien greifbar nahe: Wenn nun auch noch Herodes umkehren würde... Dann wäre es geschafft. Dann wäre der politische und soziale Umbruch nicht mehr aufzuhalten. Dann könnte dem Messias der rote Teppich ausgerollt werden.

sie
müssen
einordnen
festlegen
in schubladen
stecken

im gegensatz
zu ihm

ihm
öffnet sich
der horizont

er sieht
hinaus
in die weite
hinein
in die zukunft
hoffnungsvoll
und mutig

„Bist du es, der kommen soll, oder sollen wir auf einen anderen warten?“ lässt Johannes aus dem Gefängnis Jesus fragen (Matthäus 11,3). Er zweifelt ernsthaft. Jesus gibt ihm eine Antwort, aber die ist ähnlich offen gehalten wie seine eigene an die Abgesandten aus Jerusalem in diesem Text hier. Nicht wirklich eindeutig. Vor allem fordert sie zum Vertrauen auf.

Herodes ist schon fast gewonnen, aber ein fatales Missgeschick führt ganz plötzlich zum Scheitern der Mission. Johannes wird sofort hingerichtet. Er hat wahrscheinlich keine Zeit mehr, sich darauf vorzubereiten.

Ich denke schon, dass er bereit war, sein Leben für das Kommen des Messias einzusetzen. Seite an Seite mit ihm vielleicht, im Endkampf um Jerusalem. Wie danach Petrus, der auch gern für Jesus sterben wollte. Den Heldentod. Aber so?

Auch Jesus trifft es hart, als er von der Hinrichtung hört. Er zieht sich zurück, um es zu verarbeiten (Matthäus 14,13). Es scheint so, als hätte er das auch nicht erwartet.

Johannes war begeistert gewesen. Er hatte sich mit einem Bräutigam verglichen, der die Hochzeit seines Freundes vorbereitet. Er war voller Vorfreude (Johannes 3,29-30). Wenige Monate später wurde er eines dummen Fehlers seines offiziellen Gegners und heimlichen Gönners Herodes wegen geköpft. Ganz kurz vor dem Ziel.

Nun können wir versuchen, uns zu trösten, indem wir in die Geschichte hineinlesen, was uns in ihr fehlt: Dass jene Antwort Jesu Johannes tiefen Frieden gegeben habe und dass er in diesem Frieden und in der tiefen Gewissheit, doch das Ziel erreicht zu haben, den entsetzlichen Schwerthieb entgegengenommen habe. Das hätten wir gern. Das hoffen wir natürlich. Aber es steht nicht im Text. Und das bedeutet: Es kann auch anders gewesen sein: Einfach nur grauenhaft. Dass Johannes die letzten Minuten in höllischer Einsamkeit und wahnsinniger Angst verbrachte.

Freitag

Vierter Advent

Meditationstext: Jesaja 52,7-10

wenn
du
gutes verkündest
frieden
heil
heiles
freude
trost
in trümmern

dann
sage
was heute
wirklich
ist

tief
in dir

ansonsten
schweige
bitte
still
sehr still
horche
in die nacht

dir
wird heute
und hier
der heiland
geboren
unter
schmerzen

Die Trümmer sollen sich freuen (V9). Weil sie sich neu zusammenfügen. Das sagt die Gute Nachricht. Es ist ein ähnliches Bild wie das von den Totengebeinen bei Hesekiel, die wieder neu lebendig werden (Hesekiel 37).

Die 25.000 Toten des Bombenangriffs auf Dresden kommen nicht wieder zurück. Aber die Stadt ist wieder aufgebaut. Es war möglich, weil Menschen es wollten, genauso wie es möglich war und ist, unzählige Menschenleben in einer Nacht auszulöschen und Jahrhunderte alte Kulturgüter von höchstem Wert zu vernichten. Das Menschenmögliche reicht weit. Wir können uns selbst zerstören, aber wir können auch aufbauen. Wir können den Frieden nicht nur wollen, sondern auch erreichen und festigen, wenn wir uns wirklich, ehrlich und mit dem ganzen Herzen dafür einsetzen. Wir tragen ein schreckliches Potenzial zur Destruktivität in uns, aber auch ein wunderbares Potenzial zur Konstruktivität.

Am schlimmsten, so scheint es mir, ist die Gleichgültigkeit. Lau zu sein statt kalt oder warm. Nicht, weil die Kälte besser wäre als die Lauheit, aber weil die Lauheit der Kälte den Weg bereitet. Sie widersteht dem Bösen nicht. Sie pflanzt das Gute nicht. Sie lässt die Trümmer liegen. Sie geht ihnen aus den Weg. Sie räumt nicht auf. Sie bewältigt nicht die Vergangenheit. Darum schafft sie auch dem Frieden keine Bahn. Sie lebt von Profit zu Profit. Sie ist verantwortungslos. Wo aber der Widerstand fehlt, macht sich das Böse breit.

Was heißt das für mich hier und heute? Nicht aufgeben, nicht resignieren. Ich habe es ja am eigenen Leib erlebt, was dabei herauskommt: Im Beruf, in Ehe und Familie. Ich wurde schuldig durch Resignation. Ich hatte zu wenig Mut. Ich habe zu wenig widerstanden. Ich habe zu wenig auf meine eigenen Bedürfnisse geachtet. Ich habe mich selbst nicht genügend ernst genommen.

Christfest

Leitmotiv: Gott wird Mensch

Leitwort: „Das Wort ward Fleisch und wohnte unter uns, und wir sahen seine Herrlichkeit." Johannes 1,14

Psalm 2
Meditationstext: Johannes 1,14

Fleisch und Blut. Leibhaftig. Müde, hungrig, emotional. Durch und durch menschlich. Anfällig. Unauffällig. Auffallend normal. Mitmensch auf Augenhöhe. Ein Baby wie alle anderen. Ein spielendes Kind. Ein pubertierender Sohn. Ein auszubildender junger Mann. Ein Berufsanfänger mit Gesellenbrief.

Berufen, Mensch zu sein. Nur das und sonst nichts. Nicht Übermensch, nicht Unmensch, nicht Machtmensch. Einfach nur Mensch.

Offensichtlich ist ihm das gelungen. Deswegen konnte zuletzt keiner mehr etwas mit ihm anfangen.

Einfach nur Mensch zu sein. Einfach nur Kind zu sein, zu bleiben, wieder neu zu werden: Kindliches Kind, jugendliches Kind, erwachsenes Kind, altes Kind, greises Kind. Das passt wohl nicht in unsere Welt. Meine Güte, sind wir wirklich so krank?

Nun ja, es müsste ja sonst keine Kriege geben. Auch keine weihnachtlichen Ehe- und Familienkriege. Wir würden vor allem eine sehr gute Zeit miteinander haben. Auch sehr viel spielen miteinander. Ziemlich unverkrampft.

Warum eigentlich nicht? Gott jedenfalls hat beschlossen, es so zu machen. Gott ist ein Menschenkind geworden. Menschenskinder, lasst uns das Leben lieben, wie es ist.

weihnacht
stille nacht
schauen
sonst nichts
horchen
da sein
mit allen sinnen
still
bleiben
bitte
lass mich
bleiben
gott
geliebtes kind
hier
still
ganz still
du

Weihnachtstage

Weitere Texte

Meditationstext: Titus 3,4-7

herr
dein mitleid
dein erbarmen
tröstet uns
und macht uns frei
deine holde gunst und liebe
deine wundersamen triebe
machen deine vatertreu
wieder neu[10]

„Bad der Wiedergeburt und Erneuerung“ (V5): „Lavacrum regenerationis et renovationis“ steht da im Lateinischen. Das tut Gott „nach seiner Barmherzigkeit“ durch das Erscheinen seiner „Freundlichkeit und Menschenliebe“ (V4) in Jesus. Treffender kann mein Bedürfnis nicht beschrieben werden: Regeneration und Renovation. Baden in der erfahrenen Menschenliebe, Freundlichkeit, Barmherzigkeit Gottes. Genau das habe ich gestern beim Gottesdienst empfunden: Wie hohl, verbraucht, fragwürdig das für mich geworden ist. Gott hat die Bogensehne ausgezogen und es ist die Zone erreicht, in der ich sagen muss: Überzogen.

Neue Kraft, um aufzufahren mit Flügeln wie Adler? Nein. Er hat mir die Glaubenskraft geraubt. Er hat mir das Kleinod „Oh du fröhliche“ aus der Hand geschlagen. Es ist zerbrochen, die Splitter liegen irgendwo herum. „Deine große, herzliche Barmherzigkeit hält sich hart gegen mich. Warum lässt du uns abirren von deinen Wegen? Wir sind geworden wie solche, über die du niemals herrschtest“ (Jesaja 63,15-19). Ich hätte so dringend Trost gebraucht, aber er hat mich stattdessen geschlagen. Ich stelle mir vor, dass ich wie früher in der Christvesper „Oh du fröhliche“ singe, konzentriert, losgelassen, dankbar, und wie ich die Freude spüre, die Freude der Dankbarkeit, und wie mir jemand in diesem Moment eine Ohrfeige verabreicht, die mich taumeln lässt. Genau so geht es mir. Herumgeschubst, getreten, stets daran gehindert, auf die eigenen Füße zu kommen, gequält, nicht für voll genommen, als sehr lästig empfunden. Ja, weggetreten. Noch bevor ich überhaupt aufgetreten bin, darf ich abtreten. Zum Unmenschen degradiert, zum Nichtmenschen aufgelöst, zum völlig Unbedeutenden. Potenzierte Unwürdigkeit. Und Gott hat mich behandelt wie einen Geduldeten, den man freundlicherweise überleben lässt. So hat er mein Vertrauen belohnt. Ich bin wie einer, der in die Freiheit flüchtete, an den Ort, von dem er mit großer Zuversicht glaubte, dass ihm dort Regeneration und Renovation zuteil würde, weil er dort echte

[10] J.S. Bach, Weihnachtsoratorium, 3. Teil.

Freundlichkeit und Menschenwürde, wahre Barmherzigkeit erfahren würde. Und der nun feststellen muss, dass er sich in der Adresse geirrt hat. Er ist und bleibt ein Fremder. Er gehört nicht dazu und erfährt den verheißenen Segen nun einmal nicht. Die Oasen sind keine Oasen; trübe Rinnsale sind sie, gerade gut genug zum Überleben, und immer wieder ist eine Fata Morgana dazwischen.

Nein, ganz gewiss: Ich möchte nicht mit anderen tauschen. Mich interessiert kein Leidensvergleich oder Leidenshandel. Mir geht es gar nicht um das Maß meines Leidens. Das ist nicht so schlimm. Damit komme ich schon zurecht. Geduldig bin ich wahrlich. Nicht die Tragbarkeit meines Leidens ist das Problem, sondern die real erfahrene Erbarmungslosigkeit Gottes. Und ihr gegenüber nehme ich mein Leiden ernst, um meiner Würde willen, die mir ja wohl niemand bewahrt, wenn nicht ich selbst. Das freundliche Mit-Namen-genannt-sein: Ganz schwach erreicht es mich da und dort durch Menschenmund. Zu schwach. Wenn auch nicht ohne Hoffnung. Natürlich gebe ich nicht auf. Natürlich pflege ich Beziehung und hoffe auf tröstendes Gewolltsein, Gemochtsein, Gefragtsein, Gebrauchtsein, Geschätztsein, Geehrtsein. Und vielleicht auch wirkliches Geliebtsein. Aber was hat das mit Gott zu tun? Er, mein himmlischer Vater, hätte meine Wege wahrlich anders werden lassen können. Er hat mich, den buchstäblich Letzten, den Außenseiter, den Sehnsüchtigen, nicht in die Mitte geholt. Er hat mich sehr elend versagen und im Versagen schuldig werden lassen.

Er hat damals schon, als er mich aus dem Sumpf der Drogenpsychose zog, nicht mehr getan als mich vor dem Tod zu retten. Er hat mich überleben lassen. Das ist seither meine Geschichte gewesen. Sie hat sich wiederholt. Er hat mich nicht großgezogen wie das Findelkind in Hesekiel (Hesekiel 16). Seine große, herzliche Barmherzigkeit geht nicht weit über das reine Überleben hinaus. Ich bin sehr, sehr dankbar, dass ich leben darf. Ich bin auch sehr, sehr dankbar dafür, dass ich das Evangelium verstanden und mir zu eigen gemacht habe. Sehr dankbar auch für meinen Verkündigungsdienst. Ich weiß, meine Botschaft kommt aus dem zerbrochenen Nardengefäß. Aber die besondere Fürsorglichkeit dem Schaf gegenüber, das unter die Dornen geriet, habe ich nie erfahren. Die Verheißung, dass die Letzten Erste sind, erlebe ich als blanken Hohn. Mit sehr großer Nüchternheit kann ich von meinem Glaubensleben sagen: Ich bin ein Letzter, der noch viel mehr zum Letzten wurde. Ich bin ganz gewiss vom Letzten zum Allerletzten geworden. Das ist der Lohn meines ehrlichen und sehr beständigen Gottvertrauens.

gott
das wort
gott
die Liebe
anfang
und ende
ziel
und sinn
in ihm
leben
wahrheit
licht
unaufhaltsam
flieht
die lüge
vernichtend
geschlagen

Das Wort, das im Anfang war, das ist der Gedanke, der am Anfang war, der Grundgedanke des Schöpfers: das, was Gott will und denkt. Dieser Gedanke hat sich in Jesus Christus ausgesprochen. In ihm ist das Lebenslicht schlechthin. Es gibt keinen Menschen, der nicht von ihm erleuchtet würde. Er, der Christus, hat einen Anspruch auf die Welt, den Anspruch, als der Herr anerkannt, aufgenommen zu werden; einen Anspruch gegen alle Herrschaft in der Welt, die sich nicht von der Liebe regieren lässt. In ihm ist das Leben, und das Leben ist das Licht der Menschen, unteilbar: Es gibt Leben nicht, wenn nicht bei ihm, und dort, wo Leben ist, ist auch er. Er gibt dem Leben die Würde und den Sinn.

Es wird nirgendwo in der Bibel deutlicher als in diesem Kapitel, dass der Christus und das Leben identisch sind. Die Welt ist sein Eigentum! Darum ist die Welt von ihm so sehr geliebt (Johannes 3,16). Das Lebensfremde, Lebensfeindliche ist gerade nicht das Christliche.

Leben: Das umfasst alle Dinge, die geschaffen sind. Dieser Lebensbegriff ist somit viel weiter gefasst als der biologische. Auch die „unbelebte" Natur ist demnach Teil des Lebens. Darum können auch, den Psalmen nach, Berge jubeln und Gott preisen. So muss wohl auch die hebräische Todesvorstellung verstanden werden: „Bettete ich mich bei den Toten, siehe, so bist du auch da. Spräche ich: Finsternis möge mich decken und Nacht statt Licht um mich sein, so wäre auch Finsternis nicht finster bei dir, und die Nacht leuchtete wie der Tag. Finsternis ist wie das Licht" (Psalm 139,8-12). So wäre ich also doch überall ganz und gar umfangen vom Leben. Der Tod ist Gottes Tod und darum hat er nicht außerhalb des Lebens seinen Ort, sondern auch er ist vom Leben umschlossen. Darum ist auch die Unterwelt im Alten Testament ein belebter Ort.

Wenn der Tod nicht mehr Gottes Tod ist, wird er zur Hölle. Wo er aber Gottes Tod ist, da bleibt er von Gott umschlossener Teil des Lebens, nicht mehr in letzter Abgeschlossenheit, sondern so, dass Christus Zugang hat. Er hat die Schlüssel des Todes. „Hinabgestiegen in das Reich des Todes", um auch den Geistern im Totenreich das Evangelium zu bringen. Denn alles ist durch ihn und zu ihm hin geschaffen.

Das Leben ist identisch mit der Liebe. Sofern sie wirklich Liebe ist, ist alle Liebe Abglanz der Liebe Gottes und erfüllt sich in ihr. „Wer in der Liebe bleibt, der bleibt in Gott“ (1.Johannes 4,16). Alle Liebesarbeit ist darum Reichsgottesarbeit. „Wer nicht gegen uns ist, der ist für uns“ (Markus 9,40). Darum kann die Liebesarbeit als Reichsgottesarbeit niemals separatistisch sein. Ihr Wesen ist vielmehr Dienst. Sie ist integrativ und sie integriert sich selbst. Sie geht in die Welt ein wie das Salz in die Suppe, wie das Licht in die Finsternis. Das Salz löst sich auf, aber es bleibt dabei Salz, das Licht hat nichts mit der Finsternis gemein, aber es meidet sie nicht, sondern es erfüllt sie ganz. Die Finsternis kann es nicht ergreifen.

Es kommt entscheidend darauf an zu definieren, was Liebe ist. Das ist die zweite Grundfrage der Wertediskussion, nach der ersten: Der Feststellung, dass Leben durch Liebe definiert ist.

Johannes, der Zeuge. Zeugen reden von dem, was ihnen selbst begegnet ist. „Zeugen von dem Licht“, das bedeutet: Das Licht reflektieren, Spiegel des Lichts sein. In Norditalien gibt es ein Dorf, Viganella, das immer im Schatten liegt. Sie bauten einen großen Spiegel auf einem Berg, durch den das Sonnenlicht auf den Marktplatz reflektiert wird. „Die Sonne ist lebenswichtig und bringt uns das Leben zurück“, sagte der Bürgermeister.

Das Geheimnis der Geburt Christi ist die Menschwerdung des Menschen.
Die Menschwerdung Gottes ist die Menschwerdung des Menschen.
Das ist der endgültige Schlussstrich unter alles Despotentum.
Seit Christ Geburt ist allem Despotentum von Göttern und Menschen der Kampf angesagt.
Die Despoten haben keine Chance mehr.
Sie sind lächerlich.
Ihr nahes Ende ist besiegelt.

Sonntag

Erster Sonntag nach dem Christfest

Leitmotiv und Leitwort (Wochenspruch): s. Christfest

Wochenpsalm 71
Meditationstext: Johannes 1,43-51

Eine geheimnisvolle Unterredung ist das zwischen Jesus und Nathanael. Es wird nicht klar, warum Nathanael plötzlich völlig davon überzeugt ist, dass Jesus der Sohn Gottes ist. Das Wesentliche des Erkennens vollzieht sich in der persönlichen Begegnung. Johannes berichtet es uns nicht, weil es nicht berichtet werden kann. Denn es ist nicht mit Worten zu vermitteln.

Johannes ist kein Dogmatiker. In ihm pulst die Urgewalt des Evangeliums und er will, dass sie auch den Leser erfasst und erfüllt. Evangeliumsverkündigung bedeutet für ihn, dass wir vom Magma des Liebesvulkans Gottes in seiner Menschwerdung erfasst und selbst zu hell brennenden Lichtern werden, zu wahrhaft liebenden Menschen.

Darum versucht Johannes das scheinbar Unmögliche: Vom wahren Leben so berichten, dass es nicht als erstarrte Lava ankommt, als ein Richtiges, aber nicht Lebendiges und erst recht nicht Lebenserfüllendes, sondern als das Leben selbst. Das ist sein Motto. „Das Wort ward Fleisch und wohnte unter uns" (Johannes 1,14). Das Wort will immer Fleisch werden und unter uns wohnen. „Das Licht scheint in der Finsternis" (Johannes 1,5). Johannes verbreitet nicht Richtigkeiten über das Licht. Er will, dass es uns aufgeht. Sein Bericht ist Zündholz, wir, die Hörer, sind die Reibefläche. Es soll funken und brennen in uns. Das Leben soll auch uns erscheinen.

Darum berichtet er am Anfang seines Evangeliums diese Variante der ersten Jüngerberufung: „Kommt und seht!" (Johannes 1,39). Begegne! Martin Buber hat es auf den Punkt gebracht: „Alles wirkliche Leben ist Begegnung." In der Begegnung mit Jesus wandelt sich der rechtgläubige Nathanael zum Christusbekenner. Wandlung: Geheimnis des Glaubens. Nun wird er Jesus folgen.

Folgen ist Gehorchen. Es gibt ein Folgen des Glaubens, das von Richtigkeiten bestimmt ist und es gibt das Folgen lebendiger Weggemeinschaft. Ein Folgen in Angst und ein Folgen in Vertrauen. Mache ich auch alles richtig? So fragt, wer in Angst folgt. Weh mir, wenn ich etwas falsch mache! Das ist der Gehorsame, der sich vor Strafe fürchtet. Darum folgt er. Nicht weil er will. Nicht weil er versteht. Sondern weil er muss. Das ist eine Frömmigkeit, die nicht aus der lebendigen Christusbegegnung hervorgeht. Das Geheimnis des christlichen Glaubens ist aber das Geheimnis der persönlichen Liebesbeziehung zu Jesus Christus. Gehorsam gegen Gott ist nur dann wirklich Gehorsam, wenn er selbstverständlicher Ausdruck dieser Liebesbeziehung ist. Wider-williger Gehorsam, Gehorsam wider den Willen also, ist nicht wahrer Gehorsam, weil er von Angst bestimmt ist.

Darum wurde Gott Mensch: Dass wir im Menschen Jesus seiner Liebe leibhaftig und glaubwürdig begegnen können. Wir brauchen das. Wenn uns nicht das Licht seiner Liebe aufgeht, bleiben wir in Angst. Unser Glaube kommt nicht über das Bekenntnis zu Richtigkeiten hinaus. Er wird nicht Fleisch, er wird nicht lebendig. Er wird von Angst bestimmt. Er fürchtet sich vor Strafe.

Das Geheimnis des Glaubens offenbart sich in der Erfahrung und Gewissheit, persönlich von Gott gesehen zu werden. Das ereignet sich zwischen Jesus und Nathanael: Jesus sieht ihn und indem er ihn sieht, begegnet ihm Gott. Dieses Sehen ist ein tiefes, barmherziges, vollkommen bejahendes Verstehen. Das erreicht und berührt Nathanael. Es überzeugt ihn von der göttlichen Autorität dieses Menschen Jesus - dass er der Messias ist.

„Ich sah dich", sagt Jesus zu ihm. Das überzeugt Nathanael. Denn als Jesus das sagt, erfüllt sich sein allertiefstes Bedürfnis: Gesehen zu werden. Angesehen, verstanden und bestätigt zu werden. Das hat sich schon im Gruß Jesu angebahnt: „Siehe, ein rechter Israelit". Jesus schmeichelt nicht, Jesus versteht. Nathanael ist überrascht: „Woher kennst du mich?" (V48). Er fühlt sich nicht ertappt, er fühlt sich in seiner Würde und Eigenart wahrgenommen, angenommen und geehrt.

Erster Sonntag nach dem Christfest

Montag

Meditationstext: 1.Johannes 1,1-4

Jesus ist das Leben und das Leben ist erschienen und das ist der eine, wahre Grund zur Freude.

Die authentische Gotteserfahrung ist die kontemplative: Schauen, Hören, Tasten, Erfahren. Sie wird vermittelt durch Sprache, aber sie ist mehr als Sprache und erst recht mehr als Dogma. Mehr als Gedanke. Sie ist Bild, Eindruck, Begegnung. Sprachlich kann das beschrieben werden, aber die Beschreibung ist nicht das Wesen.

Nicht nur gehört, sondern auch gesehen, nicht nur gesehen, sondern auch betrach-

friede

sanfter
duft

blindes
tasten
zartes
spüren

leiser
klang
hirtenstimme

leichte
brise
freier
atem
heimatluft

brot und wein
auf meiner
zunge

herr
es will
abend
werden

tet, nicht nur betrachet, sondern auch betastet. Über das Hören ein Bild, eine Vorstellung gewinnen. Dieses Bild betrachten, verinnerlichen, genau anschauen, mich beeindrucken lassen. Und aus der Betrachtung die Konkretion gewinnen. „Concretio" ist lat. die „Verdichtung", der Duden verdeutscht es zu „Vergegenständlichung". Das ist es ja eben: Das Bild wird zum Gegenstand, den ich mit Händen greifen kann, mit realen Konturen, lebendige Verwirklichung. Es nimmt Gestalt an. Das Wort wird Fleisch.

„Was unsere Hände betastet haben": Ein Vor-Tasten ist das. Er-Tasten der Auferstehungswirklichkeit. Hinauslehnen in die andere Welt. Anklopfen. Überwindung der Angst durch das Wagnis. Nicht durch den Übermut, sondern durch den jeweils erkennbaren nächsten möglichen Schritt. Es muss klar sein, dass es ein möglicher Schritt ist, nur dann ist es Mut.

Was heißt das für mich hier und heute? Still sein und wahrnehmen. Horchen und schauen. Meditation als erwartungsvolles Hinhören und Hinschauen. „Werft euer Vertrauen nicht weg" (Hebräer 10,35). Doch, Gott redet - denn er *will* sich mir ja mitteilen. „Er will und kann euch lassen nicht, setzt ihr auf ihn euer Zuversicht", heißt es im Wochenlied (EG 25). Weiter bedeutet es für mich: Nicht tun, sondern empfangen. Eins ist not.

Was höre ich? Von Trost spricht mir der Wochenpsalm 71: „Du lässest mich erfahren viele und große Angst und tröstest mich wieder." Aushalten. Nicht wegschauen. Mit unerbittlichem Anspruch darauf beharren, dass heute Gnadentag ist.

Geteilte Freude erst ist wahre Freude. In anderen den Resonanzboden der eigenen Freude erleben. Das muss genauso authentisch sein wie die Gottesbegegnung in der persönlichen Stille - echte Begegnung, ehrlicher Austausch, wahrhaftiges Christentum.

„Das schreiben wir, damit unsere Freude vollkommen sei" (V4). Nämlich das Gehörte, Gesehene, Erschaute, Begriffene. Das ist mein Wegweiser hier und jetzt. Darin finde ich in diesem neuen Jahr Sinn. Darin, dass ich davon schreibe und schreibe und schreibe. Es ist unwahrscheinlich hart, das glauben zu müssen ohne Schauen. Ich bin völlig allein gelassen damit. Nur mein Herz sagt mir das, scheinbar wider alle Vernunft.

Erster Sonntag nach dem Christfest

Dienstag

Meditationstext: Matthäus 2,13-18

Wohin der Christus kommt, da schlägt das Böse zu und versucht, ihn aus der Welt zu schaffen. Herodes ist ein dämonisierter Machthaber, Werkzeug in der Hand des Bösen. Dieses äußerst destruktive, äußerst finstere Gebahren, das die allerschrecklichsten Wunden schlägt, ist bittere Realität. Was für ein Fehlstart der Fleisch gewordenen Liebe Gottes in der Welt, könnte man sagen. „Er kam in sein Eigentum und die Seinen nahmen ihn nicht auf" (Johannes 1,11). Erst die Krippe, dann die Flucht. Ungebrochene Herrschaft des Bösen. Menschen werden behandelt wie Figuren beim Mensch-ärgere-dich-nicht, beliebig herumgeschoben, beliebig aus dem Leben geworfen. Hier herrscht die reine Menschenverachtung.

Böses hat auch in mein Leben mit furchtbarer Grausamkeit hineingeschlagen. Mit der Präzision eines computergesteuerten Bombenangriffs hat es sein zerstörerisches Ziel erreicht. Im Nachhinein sieht es so aus, als seien es wie bei Hiob perfide kalkulierte Schachzüge gewesen. „Was muss man tun, um diesen einen Menschen da in definitive Verzweiflung zu treiben?" scheint das Thema des teuflischen Spiels zu sein. Aber es wird nicht dunkel bleiben über denen, in Angst sind. „Du lässest mich erfahren viele und große Angst und tröstest mich wieder" (Wochenpsalm 71).

bestie
mörder
bombenwerfer
menschenfeind
kindsverächter
menschenschlächter

mitten
im evangelium
in der freudenbotschaft
an weihnachten

aber doch
kann er
nicht ganz
wie er will

sein bezwinger
entweicht
ausholend
zu töten
den tod
zu enden
den mord

der winzig kleine
da
mein
liebster
du

„Damit erfüllt würde ..." Dauernd schreibt Matthäus das. Diese Erfüllungen muten doch sehr merkwürdig an. Ist das wirklich so? Oder ist das nur seine Auslegung? Eines scheint auf jeden Fall klar, was er sagen will: Das Neue Testament ist die Erfüllung des Alten Testaments. Und damit kann das Alte Testament auch irgendwie abdanken, wie Simeon - „denn meine Augen haben deinen Heiland gesehen" (Lukas 2,39).

Das Alte Testament strebt voll sehnsüchtiger Erwartung dem Messias entgegen -

und nun ist er da. Aus allen Poren des Alten Testaments quillt sozusagen die Messiaserwartung, darum findet Matthäus sie auch rückblickend an allen Ecken und Enden. Alles weist auf Christus hin und darin liegt der eigentliche Sinn der Schrift. Sie ist geschrieben, „damit erfüllt würde“. Damit wir nichts und niemand mehr sehen als Jesus allein. Damit der Glaube absolut christuszentriert werde.

Da kommt mir das Bild aus dem Jesajabuch wieder in den Sinn, das mir in den Weihnachtstagen begegnete: Der Hirte, der mich, das verletzte Lamm, im Bausch seines Gewandes trägt. Und ein Gedanke aus einem der Gottesdienste an Weihnachten kehrt zurück: Dass der Pastorendienst von den Hirten auf den Feldern von Bethlehem her zu definieren ist, von den Geringsten her. Jesus, der Gute Hirte, „quia respexit humilitatem ancillae suae“ - weil er meine Erniedrigung gesehen hat (Lukas 1,48). Hirte von unten herauf, nicht Hirte von oben herab.

Mittwoch

Erster Sonntag nach dem Christfest

Meditationstext: 1.Johannes 2,18-25

der sohn
ist
die liebe
die liebe
leugnen
ist
den sohn
leugnen
den sohn
leugnen
ist
den vater
leugnen
antichrist
ist
lieblosigkeit

gott
ist
liebe

Die Leugnung der Identität von Sohn und Vater ist der antichristliche Geist. Der gegen-christliche Geist. Der Geist gegen die Liebe, gegen das Erbarmen, gegen die Hoffnung. Geist der Hoffnungslosigkeit, der Lieblosigkeit, der Erbarmungslosigkeit, Geist des Unglaubens. Nach Johannes geht dieser Geist aus der christlichen Gemeinde hervor: „Sind sind von uns ausgegangen, aber sie waren nicht von uns“ (V19). In der Offenbarung spricht er von der „Synagoge des Satans“ (Offenbarung 2,9). Die Leugnung der Identität des Sohnes mit dem Vater ist die Leugnung der Liebe. Als solche ist sie die Entscheidung für ein absolut unmenschliches Gottesbild. Zugespitzt antichristlich wird dieses zynisch-menschenverachtende Gottesverständnis, wenn es sich christlich gebärdet - Wolf im Schafspelz. Nichts ist schlimmer, als von einem „lieben Bruder“, einer „lieben Schwester“ im Namen des Gottes der Liebe schwere und anhaltende Lieblosigkeit zu erfahren. Nichts ist schlimmer als die starke, ideologisch kalte Lieblosigkeit in dogmatischer Korrektheit und im Namen der wahren Liebe. Die perfidesten Agenten des Teufels sind die „Freunde Hiobs“.

Die Leugnung ist ja gerade nicht eine Leugnung der Lippen, sondern eine Leugnung der Herzenshaltung. Ich sah einen christlichen Vater, der sein Kind übers Knie legte, durchprügelte und dabei sagte: „Es tut mir selbst am meisten weh, aber ich muss es aus Liebe tun." Solches Christentum repräsentiert den zynischen Gott, die Perversion der Liebe. Das Antichristliche in Reinkultur ist das Pseudochristliche. Die satanische Zerstörungswut gipfelt im pseudoseelsorgerlichen Geist der Freunde Hiobs. Muss ich darum ich als waidwunder Seelsorger so überaus empfindlich reagieren, wenn mir das Christliche in fragwürdiger Äußerlichkeit begegnet, stark herausgestellt nach außen hin, aber ohne Klarheit, wie es wirklich gemeint ist? Weil ich so tief verletzt war, habe ich so übersensibel reagiert.

Das wirklich Schlimme an meiner Lebenskrise sind die Enttäuschungen mit Menschen, denen ich vertraute. Das Schlimmste sind die Enttäuschungen mit Menschen, die sich als Christen meine Brüder und Schwestern nannten. Das Allerschlimmste ist, dass ich selbst dadurch lieblos wurde. Ich hätte das alles ja gern ertragen, aber dass daraus meine eigene Lieblosigkeit hervorgehen würde, ist mein großes Problem. Als hätte mein Herz sich mit ihrer Lieblosigkeit heimlich verbündet. Als hätte es mich verlassen.

Nicht das Dogma macht den Christen, sondern das Herz. Wenn ihr euren Auftrag darin seht, Menschen für den richtigen Glauben zu bekehren, will ich nichts mit euch zu tun haben, so fromm ihr euch auch aufführt. Wenn ihr euch aber von ganzem Herzen darum bemüht, dass die Liebe mehr Raum gewinnt unter uns Menschen, seid ihr meine Schwestern und Brüder.

Die wahre Liebe ist die wahre Menschlichkeit. Der wahre Liebende ist der wahre Mensch. Der Menschensohn. Der Christus. Darum ist es zwingend: Nur wer den Sohn hat, der hat auch den Vater. Denn wenn Gott nicht die Liebe ist, dann ist er ein Despot. Wenn der Glaube nicht menschlicher macht, dann ist er Lüge.

Erster Sonntag nach dem Christfest

Donnerstag

Meditationstext: Johannes 12,44-50

„In ihm war das Leben, und das Leben war das Licht der Menschen" (Johannes 1,4). Sein Gebot ist das Leben schlechthin: Lebensgebot. Indem das Lebensgebot ausgerichtet wird, geschieht Gericht. Wer aus der Wahrheit ist, der hört die Wahrheit. Wer aus der Lüge ist, verschließt sich ihr.

nur
die wahrheit
richtet
recht
nicht
der richter

darum
ist richten
unsinn

wahrheit
reden
denken
spüren
sehen

da
ist leben
sinn

da
bist
du
selbst

„Wer mich sieht", sagt Jesus, „der sieht Gott." Der sieht das Leben. Der sieht die Liebe. Sehen meint hier: Begegnen und erkennen.

Jesus sehen - heute. Das möchte ich. Ich mache meine Augen auf und schaue nach ihm. Werde ich ihn heute finden? Im Licht der Wahrheit?

Natürlich kann ich ihn mir auch vorstellen. Aber ich möchte mich keiner Illusion hingeben. Illusionäre Gottesbegegnungen enttäuschen nur.

Ich kann ihn nur finden, wenn ich selbst von ihm gesucht werde. Wenn er zu mir kommt. Es ist leicht geredet von der Ankunft Gottes bei uns im Advent, von der Menschwerdung an Weihnachten, vom Licht, das die Finsternis vertreibt, am Erscheinungsfest. Ich kann es suchen, dieses Licht, aber ich kann es mir nicht machen. Es muss mich finden und meine Finsternis auflösen.

Er, der wahre Gott und Mensch, richtet nicht, sondern rettet (V47). Ich habe es so oft gesagt und gepredigt und fest geglaubt: Wenn du in Not bist und ihn anrufst, rettet er dich. Ich habe starke Zweifel daran bekommen. Denn ich kam zu ihm in der Not, mit sehr konkreten Bitten, und wurde nicht erhört. Als wäre mein Gebet nicht weiter gedrungen als an die Decke. Ich bin so verzweifelt wütend geworden darüber. Darum spreche ich jetzt nur noch zwei Gebete für mich selbst: Das Vaterunser und die Liedzeile „Oh komm, du Geist der Wahrheit, und kehre bei mir ein, verbreite Licht und Klarheit, verbanne Trug und Schein." Ich verzichte darauf, den Christus als meinen Wunscherfüller anzusehen. Das ist hart, denn meine Wünsche sind sehr stark und existenziell. Aber im Glauben geht es nicht um Wunscherfüllung, sondern um Licht, Wahrheit und Liebe. Nicht um die Liebe und Wahrhaftigkeit der anderen, sondern um meine. Darin liegt der schmale Pfad des Lebens, nicht in der Erfüllung meiner Wünsche.

Und darin liegt das Gericht: Es kommt darauf an, worauf ich setze, auf das Haben oder auf das Sein. Wenn ich auf das Haben setze, säe ich mein eigenes Unglück. Wenn ich auf das Sein setze, öffne ich immerhin einen Türspalt hin zur Wahrheit. Und vielleicht geht die Tür dann weit genug auf, damit die Liebe bei mir einkehren und Raum gewinnen kann.

Erster Sonntag nach dem Christfest

Freitag

Meditationstext: Jesaja 49,13-17

„Zion aber sprach: Der HERR hat mich verlassen, der HERR hat meiner vergessen“ (V14). Die Antwort lautet: Nein, keineswegs! So wie eine Frau ihr Kind nicht vergessen wird, sondern ihm immer zugewandt bleibt, hat auch Gott dich nicht vergessen! „Deine Mauern sind immerdar vor mir. Deine Erbauer eilen herbei“ (V16-17). Das ist so oft in der Bibel die merkwürdige Spannung: Irgendwann gehen die Lichter aus, das Warten wird ganz einfach zu lang. Auch die klugen Jungfrauen im Gleichnis schlafen ein. Warum? Weil der Bräutigam sehr viel Verspätung hat! Ich denke an den Seelsorgekollegen, der ein großes finanzielles Problem hatte, mit dem er knapp am Ruin vorbei schlitterte. Lächelnd erzählte er von der Gebetserhörung, nur komme Gott eben manchmal etwas spät, nie aber *zu* spät. Ich fand es nicht zum Lächeln. Was heißt denn *zu* spät? Nicht jeder Lazarus wird noch nach Tagen von den Toten auferweckt. Ist nicht in meinem Leben vieles viel zu spät gewesen?

meine
trümmer
siehst
du
immer

heute
siehst
du
was mir fehlt

du
siehst
mich
ich
höre
horche
warte
harre
still

Und doch möchte ich diese wunderbare Zusage der Mütterlichkeit Gottes nicht missen, so sehr sie mir auch weh tut. Sie muss ja noch in Erfüllung gehen. „Endlich wird mein Joch wieder von mir weichen müssen“.[11] Weh tut, dass die Zusage in die Erfahrung des Verlassenseins hinein kommt. Wie soll ich das glauben, wenn es doch nicht geschieht? Der Herr hat mich verlassen, der Herr hat meiner vergessen. Ich bin verwaist.

---

[11] Aus der Kantate „Ich will den Kreuzstab gerne tragen“ von J.S. Bach.

Altjahrsabend

Leitwort: „Barmherzig und gnädig ist der Herr, geduldig und von großer Güte.."
Psalm 103,8

Psalm 121
Meditationstext: Lukas 12,35-40

nicht
erschrecken
mich
nicht
irritieren lassen
unbeirrt
voran
gehen

immer
weiter
gehen
gern
froh
heute
leben
hoffnungsvoll

nur
weil du
bist

du
mein
lebensweg
durchgang
tür
ausweg
ziel

Wachsamkeit! Das ist ein sehr gutes Motto für das neue Jahr. Psalm 121 ist der Psalm zum Altjahrsabend. Ja, das ist buchstäblich mein Bild gerade: die dunklen Felswände, die sich vor mir erheben. Und gestern kam mir: Es dürfen sehr herausfordernde Schritte sein, aber es müssen sichere Schritte sein, geprüfte Schritte, Schritte, die aus dem aufmerksamen Hinhorchen und Hinschauen heraus geschehen. Dann können es auch die Tritte eine Eiswand hinauf sein. Dann gilt: „Er wird deinen Fuß nicht gleiten lassen." „Ich kann allein nicht gehen, nicht einen Schritt. Wo du wirst gehn und stehen, da nimm mich mit" (EG 376). Mir geht es ja nicht anders als Julie Hausmann nach dem Tod ihres Verlobten.[12] Ich bin genauso hilflos, genauso angewiesen, genauso überfordert. Natürlich bin ich das. Seit ich Joseph Roths Hiob[13] gelesen habe, identifiziere ich mich mit Hiob: Ja, was dieser Mendel Singer erlebte, das habe ich auch erlebt - er auf seine Art, ich auf meine. Ja, ich bin Hiob. Das ist nichts Sentimentales; es ist ganz einfach so. Ab einem gewissen Maß sind die Unterschiede nur noch graduell. Gestern kam mir die Erkenntnis, dass ich mich auch in einer Gefängniszelle einrichten würde. Ich würde immer das Beste aus meiner Situation machen - es ist dieser unbändige Lebenswille in mir.

Dieses Wachbleiben ist ja auch wieder ein Harren - mehr als die Wächter auf den Morgen. Wie sehne ich mich nach der Sonne, nach Frühling und Sommer. Viel mehr noch nach dem Aufblühen meines Lebens. Das Motiv ist gleich wie bei den klugen Jungfrauen: Endlich nicht mehr warten zu müssen, endlich erlöst zu sein, endlich Er-

[12] Julie Hausmann schrieb das Lied aus diesem Anlass.

[13] Joseph Roth, *Hiob: Roman eines einfachen Mannes,* 39. Aufl. (Kiepenheuer & Witsch: Köln, 1999).

füllung der Sehnsucht zu erfahren. Meine Güte, ist das hart und schwer. Aber ich gebe nicht auf, ganz gewiss nicht. Und ob die Welt voll Teufel wär und wollt uns gar verschlingen (EG 362).

Neujahr

Leitwort: „Alles, was ihr tut mit Worten oder mit Werken, das tut alles im Namen des Herrn Jesus und dankt Gott, dem Vater, durch ihn." Kolosser 3,17

Psalm 8
Meditationstext: Jakobus 4,13-17

Das Leben ist nur ein Rauch, der eine kleine Zeit bleibt und dann verschwindet. Was soll denn da der Einzelne bewirken können? Kaum haben wir einigermaßen unseren Kurs gefunden, ist schon wieder Feierabend. Wem gelingt es schon, so treffsicher genau *seine* Berufung zu erkennen und ihr so treu zu sein, dass er wenigstens lange Jahre am ganz genau passenden Platz ist und ein Lebenswerk von bleibendem Wert schaffen kann? Und wenn? Sind nicht oft die Kosten höher als der Gewinn? Wie viel Erfolg auf der einen Seite ist mit einer Tragödie auf der anderen verbunden?

Unser Leben ist nur ein kleiner Rauch. Und doch: Jakobus glaubt, dass es so etwas gibt: Gutes, das wir unbedingt zu tun haben und das wir erkennen können. Das heißt doch: Obwohl das Leben ein Rauch ist, kann es wirklich Sinn haben, was wir tun und lassen. Es *gibt* Bleibendes. Der Rauch unseres Lebens kann ein *Opfer*rauch für Gott sein. Wir können Werte schaffen, die vielleicht auch dann noch weiterwirken, wenn wir nicht mehr sind. Wir können etwas davon wissen. Ich denke, es ist wie eine Spur in jedem Leben, die es zu finden gilt. Ein Pfad, der gelegt ist. Eine Richtung. Eine innere Überzeugung.

Wir sollen das Gute tun, das wir *wissen* (V17). Das heißt doch: Der Verantwortungshorizont des Einzelnen ist begrenzt. Für die Probleme, von denen wir *nicht* wissen, sind wir auch nicht verantwortlich. Und für die Probleme, die wir wohl sehen, aber die außerhalb der Reichweite unseres Eingreifens liegen, auch nicht so sehr. Damit ist klar: Dieser Satz soll nicht überfordern. Und er will nicht dazu verleiten, sich um alles Mögliche zu kümmern, ohne dafür tatsächlich zuständig zu sein. Aber das können und sollen wir uns fragen: *Ist* denn das, was wir uns vornehmen, *tatsächlich*

„Gutes“? Ist es *das* Gute, um das wir *wissen*?

Jakobus bietet uns einen Rahmen an, um darin zu definieren, was gut ist und was nicht. Das können und sollen wir wissen: Übermut tut selten gut. Was Jakobus an diesen Geschäftsleuten unter den Gemeindegliedern kritisiert, ist nicht die Tatsache, dass sie vernünftig vorausplanen und Gewinn erzielen wollen. Übermütig sind sie, weil sie tun, als wären sie selbst Gott.

Sie tun sich so wichtig und verweigern sich dabei dem Leben in der Gegenwart. Gestern waren sie nur auf sich selbst und ihren Gewinn orientiert, heute sind sie es wieder und morgen wollen sie genauso weitermachen. Sie lernen nicht. Sie überlegen nicht, ob es wirklich gut ist, wie sie handeln, ob es *noch* gut ist. Der wirtschaftliche Fortschritt ist ihr Lebensinhalt, sie gehen um des *Erfolgs* willen voran, nicht um des *Guten* willen. Diese Haltung ist Betrug und Selbstbetrug.

„Heute oder morgen“ sagen sie, aber mit dem „Heute“ meinen sie nie die Gegenwart. Sie sind nie zufrieden, darum können sie auch niemals dankbar sein. Sie können nicht verweilen. Die Sorge nötigt sie, den Augenblick zu meiden. Mut beweist, wer das Heute annimmt, wie es ist. Übermut ist Pseudomut, gelogener Mut. Es ist ein Mut, der immer nur erst in imaginärer Zukunft zum Ziel kommt. Übermut ist Vermessenheit.

Der Übermut schwingt sich aufs Ross, aber er zielt über das Ziel hinaus und darum rutscht er gleich wieder auf der anderen Seite hinunter, weil ihm die Demut fehlt, sich dort niederzulassen, wo sein Platz ist.

„Wer da *weiß*, Gutes zu tun.“ Es ist Zeit, dass wir uns wieder bewusst machen, worin das *Gute* besteht, das wir heute und morgen *tun* können. Wofür wir gebraucht werden. Was unsere Mitmenschen brauchen. Was wir ihnen geben können, auch, wenn es Mühe macht - sollte Mühe denn etwas Schlechtes sein? Was die Welt braucht. Was Gott will.

Epiphanias

(Erscheinungsfest)

Leitwort: „Die Finsternis vergeht, und das wahre Licht scheint jetzt." 1.Johannes 2,8

Psalm 130
Meditationstext: Jesaja 60,1-2

Beides ist da: Finsternis - und was für Finsternis - welche eisige Kälte anstelle von menschlicher Wärme und Barmherzigkeit - aber das Licht kommt. Und um die Dämmerung ist die Nacht am kältesten.

Was erlebt der Beter des Psalms 130 denn, wenn ihn so friert, wenn ihn so schaudert vor der Nacht? Wie ein Wächter kommt er sich vor, aber doch nicht wie einer hoch oben auf der Zinne, in großem Abstand und großer Sicherheit. Dann bräuchte er nicht so zu reden. Nein, er ist ein Wächter mitten in der Gefahr. Die Dunkelheit greift nach ihm. Er weiß, sie könnte übermächtig sein. Er könnte ihr Opfer werden. Er wacht, aber er sieht nicht alles. Von hinten kann das Unheil kommen. Er fühlt sich nicht als Erleuchteter, dessen Blick nichts verborgen bleibt, der überall Rat weiß, der mit jedem Angriff fertig wird.

Er fürchtet seine Schwachheit. „Wer wird bestehen?" Wenn die Liebe erkaltet - dann wohl auch in mir? „Bin ich´s?" fragten alle Jünger, als Jesus vom Verräter sprach (Markus 14,19). Da spürten sie die Gefahr in sich selbst. Da tat sich etwas vom Abgrund ihrer Seele vor ihnen auf. Sie hatten recht. Jeder konnte Judas sein.

ich höre
neue kunde
es schwindet
die angst

hell
leuchtet
trost
über allem
durch und durch
um und um

friede
allgegenwärtig
allwirksam
allumfassend

mein
könig
mein
gott

Selbst die klugen Jungfrauen schlafen, als der Bräutigam kommt. „Herr, wer wird bestehen?" Kann ich denn sagen, dass *ich* klug bin?

Darum harrt der Beter, nicht auf Eigenes, sondern auf Gott. Darum hofft er auf *sein* Wort. Auf das, was ihm gesagt ist von Gott. Und darauf, *dass* es ihm gesagt wird, immer neu in die Angst hinein, dass er den Mut nicht verliert und weiter auf dem Posten bleibt, bis die Sonne aufgegangen ist.

„Werde licht, denn dein Licht kommt" (V1). Richte deinen Blick auf das Licht, dann leuchtet es dich an, dann er-leuchtet es dich, dann *wirst* du licht. Dann wird dich seine Wärme berühren, dann wirst du auftauen, dann werden Lebensgeister in dich kommen.

„Ihr *seid* das Licht“ sagt Jesus denen, die an ihn glauben (Matthäus 5,14). Nicht die strahlenden Heiligen inmitten lauter farbloser Trauergestalten. Nicht die hellen Funzeln inmitten der Unterbelichteten. Licht seid ihr, weil ihr angeleuchtet seid. Nur das lässt euch strahlen: Dass ihr euch der Sonne zuwendet. Keine Qualität in euch selbst.

Es dauert, bis es hell wird. „Mache dich auf - werde“. Das setzt in Spannung. Da kann das Warten schier unerträglich werden. Aber es braucht eben Zeit.

Bis dahin geschieht nicht nichts. Bis dahin wird es auch nicht immer dunkler. Bis dahin ist Morgendämmerung. Bis dahin ist Zeit des Bangens und der Hoffnung. Bis dahin ist Zeit der Bewegung. Wer in einer Frostnacht draußen ist und der Müdigkeit nachgibt, statt immer weiter zu zu gehen, der erfriert. Unterwegs sein, tätig bleiben, tätig werden auf ihn zu, damit halte ich mich warm und so bereite ich ihm den Weg.

Samstag

Erster Sonntag nach Epiphanias

Leitmotiv: Die Taufe Jesu

Wochenspruch: „Welche der Geist Gottes treibt, die sind Gottes Kinder.” Römer 8,14

Wochenpsalm 89
Meditationstext: Römer 8,12-17

Bekanntlich weht der göttliche Geist, wie er will. Nicht in Windkanälen. Nicht in Turbinen gezwungen, durch Düsen gepresst. Nicht von Mühlenflügeln produziert. Du kriegst ihn nicht zu fassen. Du siehst nur, dass er wirkt.

Er setzt dich in Bewegung. Er lässt dir keine Ruhe. Er leistet dir Widerstand. Er belebt dich als sanfte Brise und drückt dich weg als unerbittlicher Sturm.

Kraft ist er. Lebenskraft. Beflügelnder Auftrieb. Er drängt zum Ziel: Dass Friede wird.

Es ist keine Liebe, sagt die Enttäuschte. Ihn hat es weggezogen. Immer war er auf der Flucht vor dem Leben. Verschanzt hat er sich, belogen hat er sie. Sie spürt den Sog ihm nach. Den Fliehenden zu fassen kriegen. Der Wind steht ihr entgegen. Sie widersteht und lässt ihn los. Es muss Liebe sein, antwortet sie und atmet auf. Und atmet ein den Geist der Freiheit. Endlich kommt Hoffnung auf.

Mit Wasser wird er getauft, der Menschensohn, um ganz Mensch zu sein. Damit die Widerstehende nicht einsam bleibt. Damit der Fliehende nachhause kommt. Dass Friede wird.

Mit Geist tauft er jeden, den er findet. Wirbelt ihn auf. Bringt ihn auf Trab. Weckt ihn auf vom Tod. Bläst ins Leben. Beweist dir, dass du Flügel hast. Weil du auf einmal merkst, dass du auffährst wie ein Adler.

Furcht ist nicht in der Liebe. Die geklärte und gereinigte Liebesbeziehung zum Vater, das ist die Liebe Gottes, die ausgegossen ist in unsere Herzen (Römer 5,5), die geduldig sein lässt, die Bewährung schafft, die es dahin bringt, dass die Hoffnung nicht umsonst ist, die auch im schwersten Leiden, das die Nachfolge (V17) beschert, durchhält und durchträgt, im Hiobsleiden.

Darum setze ich auch heute wieder ganz auf das Dennoch des Vertrauens auf seine Vaterliebe. Heute werfe ich mein Kindsein wieder ganz in die Waagschale, und das bedeutet mein Wagnis zu springen, auf sein Wort hin, nicht aus Übermut und Waghalsigkeit, ins Dunkle hinein, aber nicht in den Tod, sondern ins Leben; mich verlassen auf ihn, auf ihn hin. Also nicht verzweifelnd, sondern sehr mutig, alles wagend. Denn es kann doch nicht sein, dass du lügst, mein Vater! Darum muss dieser Tag einer der besten meines Lebens sein. Er mag Alltag heißen, aber es muss ein Juwel in diesem Alltag sein, ein Schatz im Acker meines Tagwerks. Heute, denn heute bin ich Kind meines Vaters, heute ist er da und heute erwarte ich in vertrauender Dankbarkeit das Allergrößte von ihm.[14]

Ein Jahr später: „Nach dem Fleisch leben“ (V12) heißt: Unter dem Diktat von Mussforderungen leben. Das ist gegen das Leben. Ein von Mussforderungen freies Gottesbild erlaubt es, Gott zu vertrauen und ihn sogar „Abba“ zu nennen (V15). „Knechtisch“ bedeutet wiederum: Unter dem Diktat der Mussforderungen. „Kindlich“ bedeutet: Bei Gott zuhause sein, mit allen Rechten des Erben. Das heißt: Ohne ängstliche, kleinliche Sorge. Mein Vater beherrscht nicht nur einen Winkel, um dessen verbarrikadierte Grenzen herum Welt und Tod herrschen. Und mein Vater ist der Vater der Barmherzigkeit und der Gott allen Trostes.

Das ist ja genauso kleinlich-ängstlich, genauso kleingläubig: Die Großzügigkeit meines Papas in Frage zu stellen. Gott ist genauso wenig der *deus ex machina*[15] wie er der Nicht-Gegenwärtige ist, der nicht sieht, wie es uns geht, der sich nicht erbarmt,

[14] Tatsächlich wurde es ein schlimmer Tag.

[15] Das ist der Gott aus dem Theater, der in jeder Notlage zur Verfügung stehen muss.

nicht im Hier und Heute.

Was heißt das für mich hier und heute? Dass mein Anspruch an diese strenge, volle Woche mein Anspruch an Gott ist. Mein Anspruch, dass dies eine sehr gute Woche ist und wird.

Es ist interessant, wie ähnlich meine Erwartung heute der Erwartung vor einem Jahr ist. Ich bewerte Gottes Antwort damals auf meinen sehr vertrauensvoll kindlichen Anspruch dem sehr lieben und vertrauenswürdigen Papa gegenüber als massive Enttäuschung und grausam harte Abweisung. Es ist wichtig, dass ich mir nichts vormache. Meine kindlich vertrauensvollen Gebete zu meinem lieben Vater wurden nun einmal nicht erhört. Es ist gut, dass ich mich daran erinnere. „Vergiss es nicht, was er dir Gutes getan hat“ (Psalm 103,2). Vergiss aber auch nicht, was er dir vorenthalten hat. Dass er dich nicht getröstet hat, als du ihn so sehr, sehr brauchtest. Vergiss es nicht und klage!

Sonntag

Erster Sonntag nach Epiphanias

Meditationstext: Matthäus 3,13-17 (Evangelium)

einlassung
statt
herablassung

ganz
eintauchen
leben
in dich
hier

ganz
eingehen
mensch
auf dich

da
öffnet sich
der himmel

Es gibt Ordnungen, die mir geschenkt sind, damit ich leben kann, und Ordnungen, die dem Leben im Weg sind. Jesus fügt sich gern in gute Ordnungen. Er wirft nicht über den Haufen, sondern erfüllt das unvollkommene Gute. Er bewahrt das Sinnvolle, er setzt sich über das Unsinnige hinweg, er bekämpft das Unmenschliche. Darin begegnet ihm der Vater, so kommt der Heilige Geist auf ihn. Und so auch zu mir, wenn ich Jesus darin folge.

Es scheint in der Tat unsinnig, wenn Johannes Jesus tauft. Aber es geschieht, um „alle Gerechtigkeit zu erfüllen“ (V15). Es ist kein Zwang, sondern etwas, das sie sich leisten können. Die Liebe macht es möglich, so, dass keine saure Pflichterfüllung daraus wird. Die Handlung selbst mag wenig für sich haben, aber darin, dass sie um der Liebe willen geschieht, erhält sie Sinn. Durch den Geist der Sanftmut und Demut; durch den Heiligen Geist, der darin nahe kommt.

Hier geschieht das Gegenteil von Wichtigtuerei. Aber es ist ein ganz freiwilliges Sich-Einfügen - himmelweit anders als das die Nötigung des „Es-gehört-sich-so“. Wo der Geist des Herrn ist, da ist Freiheit (2.Korinther 3,17) . Ich lasse mich ein auf die Gepflogenheiten, ich errege nicht unnötig Anstoß, aber ich lasse mich nicht von ihnen versklaven. Ich lasse mich nicht von der Angst regieren.

Dadurch, dass es freiwillig ist, wird es auch entlastend. „Das Wort wohnte unter uns“ (Johannes 1,14). Wohnen heißt: Sich einrichten. Gott richtete sich bei uns und auf uns ein. So wurde Gott in Christus ganz Mensch, ganz menschlich.

Und da hinein bin auch wiederum genommen als Mitgetaufter: Ganz ohne Wichtigtuerei mich in gute Ordnungen fügend, ungezwungen, und um mutig versklavende Ordnungen zu durchbrechen. Mich einzurichten mitten drin in dieser Welt, als ganz normaler Bürger meiner Zeit, nicht unterscheidbar von den Mitbürgern hinsichtlich der Gepflogenheiten. Und doch sehr unterscheidbar, nämlich frei, nicht geknechtet durch Angst; frei und offen für die Liebe. Hoffend auf den Heiligen Geist, der meine Sehnsucht erfüllt.

Erster Sonntag nach Epiphanias

Montag

Meditationstext: Römer 12,1-8

Widme dich ungeteilten Herzens deinen Kernkompetenzen! Du hast vollkommen recht, wenn du das Problem deines Burnouts in der fehlenden Ergänzung siehst. Du hast die Unterstützung deiner Mitchristen nicht bekommen, wo du sie unbedingt brauchtest. Du hast zu viel Gleichgültigkeit erfahren. Wie oft wurdest du einfach ignoriert. Wie oft hat man dir nicht einmal geantwortet, wo es selbstverständlich gewesen wäre, schon allein aus Takt.

Und weil du ein denkender und manchmal quer denkender Mensch bist, der noch nachdenkt, wenn andere schon entschieden haben, wurdest du als Störenfried angesehen statt als unterstützungswürdiger Mitchrist behandelt und gefördert zu werden, der seine wertvollen Gaben einzubringen hat. Du warst nicht konform und uniform genug.

Du hast dich nicht selbst durch ungeschicktes Verhalten isoliert. Es lag nicht am fehlenden Willen, am fehlenden Glauben,

nicht
wie alle welt

einhalten
umdenken
spüren
was passt
und stimmt

sehr mutig
wachen sinnes
der sorge
trotzen

wagend
ganz
du selbst
zu sein

am fehlenden Geschick - als hättest du es nur anders anpacken müssen...

Du hast dich so weit hinausgelehnt. Du hast so viel versucht. Aufgerieben hast du dich mit allem Möglichem, was fernab von deinen Kernkompetenzen lag. Viel zu viel! Und immer wieder neu hast du Vertrauen gewagt, weil du so genau wusstest, dass du die Ergänzung brauchtest - und immer wieder neu wurdest du so bitter enttäuscht.

Liebe ist Hinzubringen, was fehlt. Oh ja, es fehlte viel, und es wurde nicht hinzugebracht, es wurde genommen.

Und nun hast du dich entschieden, das alles *nicht* mehr zu tun. Es liegt bei Gott. Das Ja zur Grenze deiner Gabe ist auch das Ja zum Vertrauen auf Gott, dass er dir gibt, was fehlt.

Den „Leib hingeben als Opfer" (V1): Max Scheler zufolge ist Opfer ein Verzicht auf das Geringere zugunsten des Größeren. Dann bedeutet „Hingabe des Leibes" nichts anderes als im konkreten Alltag, in der leiblichen Existenz, also unter sorgfältiger Beachtung der leiblichen Bedürfnisse, Grenzen und Möglichkeiten, zu denen ganz gewiss auch gute Arbeitsverhältnisse gehören, wie auch ein gut versorgtes, „entlüftetes", durchblutetes, ausgeschlafenes Gehirn, meine Talente im Rahmen der Verse drei bis acht umzusetzen, indem ich meinen Sinn entsprechend einrichte, entsprechend verändere.

Schon lang weiß ich, dass die Mädchen-für-alles-Existenz Gift für mich ist. Meine emotionalen Alarmreaktionen, Angst und Depression, sind wichtige Signale. Es geht tatsächlich um meine Existenz - um Untergehen oder nicht. Nichts brauche ich so nötig wie meine Warft. Meine Burg! Mit sehr sicheren Mauern. Warum dieser Stress? Warum wird es mir dauernd vereitelt, zur Ruhe zu kommen? Warum muss ich mir vorkommen wie eine ausgespresste Frucht, von der nur die leere Schale übrig bleibt - lästiger Abfall?

„Warum hast du denn seine Mauer zerbrochen, dass jeder seine Früchte abreißt, der vorübergeht?" (Psalm 80,13).

Erster Sonntag nach Epiphanias

Dienstag

Meditationstext: Matthäus 4,12-17

Das Wort ward Fleisch und wohnte unter uns. „Er kam und wohnte“ (V13). „Wo du Wohnung hast genommen, da ist lauter Himmel hier“ (EG 166). Mit Jesus wohnen. Da ist Licht, Wärme, Friede. Authentizität statt Kindergarten. „Stellt euch nicht der Welt gleich, sondern ändert euch durch die Erneuerung eures Sinnes“ (Römer 12,2) hieß es im gestrigen Text, und das bedeutet in der Konsequenz sehr deutlich: „Die Liebe sei nicht falsch“ (Römer 12,9). Je länger je mehr hasse ich das, was ich „Kindergarten“ nenne: diese Zwangsherrschaft der Negativismen und wichtigtuerischen Abgrenzungen. Wo Jesus wohnt, ist das anders. Da bin ich einfach Mensch und der andere auch, unter dem sicheren Schirm der Gnade. Egal ob Heide, Zöllner, Hure oder Pharisäer. Egal ob Muslim, Buddhist, Atheist, Jude oder Christ. Welche der Geist Gottes treibt, die sind Gottes Kinder (Wochenspruch). Der Geist Gottes ist die Liebe und sonst nichts. Nicht die christliche Liebe im Gegensatz zu den anderen Lieben. Das Wort gibt es nur im Singular, weil es nur die Liebe gibt, nur die eine, nur Liebe oder eben nicht Liebe. Lessings Nathan der Weise ist ein wahres Meisterwerk und eine notwendige schallende Ohrfeige für die religiöse Arroganz, nicht nur der Christen. Und wie gut, dass er den Juden als den Weisen unter uns bestimmt hat. Unseren großen Bruder Israel.

Als seine Zeit gekommen ist, als Johannes der Täufer abtreten muss, geht Jesus nicht in die Offensive, wird er nicht aktiv, sondern er zieht sich zurück. Er bezieht eine Wohnung. Er lässt sich nieder. Und indem er das tut, kommt Licht in seine Umgebung und es erfüllt sich Verheißung. Und andere kommen in Bewegung. Der Schnittpunkt, an dem sich das vollzieht, ist Alltagsbegegnung. Mitten drin im ganz normalen Leben. Und da reift nun die Erkenntnis in Jesus, oder es ergibt

buße
büßer
bußgewand
bußleistung
bußgeld
das musst du büßen

muss ich
doch
wieder
schreien

vor wut
und schmerz

weil
wahnsinnige
angstbesessene
schriftgelehrte
blinde
verblendete
blender
den jubelruf
verbogen
in angst

verbogen
in angst
saßen wir
büßend

bis
uns
das licht
aufging

sich einfach so, dass nun er es ist, der die Stafette von Johannes übernimmt und sich in ihm der Auftrag des Johannes vollendet. Er tritt an dessen Stelle, er setzt sein Werk fort. Da ist kein Bruch, sondern Wachstum und Erfüllung.

Was heißt das für mich hier und heute? Für mich ist auch die Zeit des Rückzugs gekommen. Resignatio im positiven Sinn. Weniger statt mehr. Stille statt Aktivismus. Ich habe mich niedergelassen. Ich suche die Ruhe, die Kontinuität. Verwurzelung, Unauffälligkeit, stilles Wachsen und Reifen. Da ist der Raum für das wirklich Neue. Es hat alles seine Zeit. Es kommt. Es wird hell, es tagt schon.

Mittwoch

Erster Sonntag nach Epiphanias

Meditationstext: 1.Korinther 1,26-31

die bedingung
des erwähltseins
elitär
herausgehoben
besonders

die bedingung
ist also
unter
stiefelabsätze
getreten
zu sein
kot
in kot
unkenntlich
dreck

ähnlich also
wie der allerletzte

quia
respexit
humilitatem
ancillae
suae

quia
fecit
mihi
magna[16]

Ich werde wieder an den Text vom Montag erinnert: Römer 12. Darum, weil Gott das Törichte und Schwache erwählt hat, gilt: „Haltet euch zum Geringen. Haltet euch nicht selbst für klug" (Römer 12,16). In Römer 12,9-21 ist das mitten hinein gebettet in einen Abschnitt, der ungeheuer viel und dicht über Kommunikation sagt - das ganze Kapitel ist vielleicht das Kommunikationskapitel nach dem Bergpredigtkapitel Matthäus 7 in der Bibel schlechthin.

Wenn ich schwach bin, dann bin ich stark. Die Voraussetzung für den „Frieden mit jedermann, soviel an euch liegt" (Römer 12,18), ist die Anerkennung der eigenen Schwäche. Paulus ist selbst ein „Törichter vor der Welt", ein „Schwacher", ein „Geringer", ein „Verachteter". Seine Kraft, seine Vollmacht, liegt nicht bei ihm selbst, sondern bei Gott, anders als bei den korinthischen Stars mit ihrer blendenden Performance. Paulus überzeugt durch seine Authentizität, und dies ist eine Authentizität der Schwäche, des Scheiterns, des Nicht-Könnens. Das ist die *andere* Vorbildlichkeit, die anstößige und unbequeme. Nur darum kann Paulus ja so selbstbewusst schreiben: Nehmt mich zum Vorbild - weil seine Vorbildlichkeit die des Schwachen ist.

[16] Denn er hat die Niedrigkeit seiner Magd angesehen. Denn er hat mich groß gemacht. Magnificat, Lukas 1,48.49.

Berufen, ja, aber wozu? Erwählt - wozu? Wenn nicht zum Werk der Liebe. Wenn nicht zum Entfalten und Verwirklichen der Gabe. Wenn nicht zum Dienst. Wenn aber zum Dienst, dann ist Berufung auch Beruf. Und dann ist der Arbeiter seines Lohnes wert. Die Berufung zur Erlösung ist zwingend die Berufung zum Dienst und damit zum Beruf. Das Warten setzt sich fort. Und mein voller Tag wird überfüllt mit Kleinigkeiten höchster Wichtigkeit und Dringlichkeit, und mein vernünftiges, selbstfürsorgliches Haushalten scheint sich nicht zu lohnen, sondern mich nur in der Armut zu halten. Und doch: Die Geduld aufzugeben ist Selbstbetrug. Nur so, wie ich jetzt unterwegs bin, komme ich zum Ziel, oder ich komme eben nicht zum Ziel.

Paulus beschwört nicht eine Armutsideologie. Er verklärt und verkitscht die Armut nicht, er hält sie nicht für den besseren Weg. Er sammelt für die Notleidenden, er akzeptiert das Zukurzkommen vieler hingebungsvoller Diener Christi nicht, er vertritt einen großzügigen christlichen Sozialismus: „Nicht, dass die anderen gute Tage haben sollen und ihr Not leidet, sondern dass es zu einem Ausgleich komme" (2.Korinther 8,13). Es ist erstaunlich, wie positiv Paulus in 2.Korinther 8 und 9 über die Relation von Saat und Ernte schreibt und wie er dort Reichtum sogar als rechtschaffenes Ziel definiert: Reichtum als Rückfluss des Segens Gottes, insbesondere für die Freigiebigkeit in der Armut, trotz der Armut. „So werdet ihr reich sein in allen Dingen" (2.Korinther 9,11), um aus dem Überfluss gern geben zu können: „Gott aber kann machen, dass alle Gnade unter euch reichlich sei, damit ihr in allen Dingen allezeit volle Genüge habt und noch reich seid zu jedem guten Werk" (2.Korinther 9,8). Gott erbarmt sich der Armen, konkret und im Alltag und wenn nicht so, dann gar nicht: „Denn er hat die Niedrigkeit seiner Magd angesehen, er erhebt die Niedrigen" (Magnificat, Lukas 1,48). Esurientes implevit bonis.[17]

Wir rackern uns ab. Was habe ich gesät die vergangenen langen Jahre. Die Früchte sind abgerissen, die Mauer zerstört.

Erster Sonntag nach Epiphanias

Donnerstag

Meditationstext: Johannes 1,29-34

„Ich kannte ihn nicht" - obwohl er ihn wahrscheinlich doch kannte, er war ja eng verwandt mit ihm. Aber er kannte ihn „nach dem Fleisch", dem menschlichen, äußeren Urteil nach. Der Mensch sieht, was vor Augen ist. Und dann sieht er schon viel, wenn

[17] Die Hungrigen füllt er mit Gütern. Ebd., Lukas 1,53.

offenbarung
bahnt sich an
reift heran
lohn
der geduld

erfüllte zeit
gewordener sinn

allmähliches
erkennen
vogelstimme
tageskündung

endlich
trost
endlich
friede
endlich
daheim

gutes
ende

er wirklich den anderen sieht. Wir sehen so viel, was gar nicht wirklich vor Augen ist, sondern nur in unserer Fantasie besteht. Es sind die Vorurteile, die uns den Blick für die Realität verstellen. Vor Augen, das ist: von Angesicht zu Angesicht. Aber auch da sind wir geistlich blind, wenn Gott uns nicht die Augen öffnet für *seine* Realität. Die Augen gehen uns auf, wenn wir wach sind, wenn wir dem folgen, was wir bereits sehen, wenn wir gehorchen, wie es uns in Rahmen des gegebenen Horizonts möglich ist. Das ist im Wesentlichen Heiligung: Hier plätschert die Gotteserkenntnis nicht nur irgendwie dahin, sondern hier vertieft sie sich; hier wird Neues gesehen, und aus dem Sehen kommt das neue Handeln.

Merkwürdig, wie das ineinander greift: Johannes kennt Jesus sehr wohl und bezeugt dennoch: „Ich kannte ihn nicht." Johannes wehrt Jesu Ansinnen, von ihm getauft zu werden, vehement ab, als er es aber zulässt, offenbart sich ihm das wahre Wesen Jesu und die Erfüllung der Weisung, die er zuvor erhielt. Es ist geradezu eine chiastische[18] Bewegung: Die Offenbarung der Göttlichkeit Jesu geschieht nicht in sensationeller Übernatürlichkeit, sondern sie geschieht, als Jesus in die völlige Unscheinbarkeit der normalen, erlösungsbedürftigen Menschlichkeit eintritt. „Er entäußerte sich und nahm Knechtsgestalt an" (Philipper 2,7) - er wurde ein ganz normaler menschlicher Mensch. Es erinnert an die Offenbarung Jesu im Brotbrechen mit den Emmausjüngern (Lukas 24) und auch an seine Verkennbarkeit als Gärtner bei der ersten Auferstehungsbegegnung (Johannes 20,15). Auch in manchen Heilungsgeschichten ist es so.

Was heißt das für mich hier und heute? Nicht in den außergewöhnlichen Großartigkeiten, sondern in der Normalität des Alltags offenbart sich Jesus mir. Und dazu brauche ich dasselbe Ja dazu, „alle Gerechtigkeit zu erfüllen" (Matthäus 3,15), wie Johannes damals, das Hineinbegeben in die Verkennbarkeit des ganz Normalen.

[18] Chiasmus: Ein kreuzförmiges Sprachmuster.

Erster Sonntag nach Epiphanias

Freitag

Meditationstext: Jesaja 42,1-9

Das bewirkt der „Gottesknecht“: Licht kommt in die Finsternis, und indem das geschieht, werden Gefangene frei. Das kann für mich nur Änderung meiner Bewertungen bedeuten. Denn ich bin nur dann nicht mehr im Finstern, wenn mein inneres Auge für das vorhanden Licht geöffnet ist. Dann kann auch der Kerker zum Freiraum werden.

Und das entspricht wiederum der Metapher vom glimmenden Docht. Es ist nicht genug, wenn von außen her Licht kommt. Wenn die Flamme nicht in mir selbst brennt, bleibt es finster um mich her, so hell es auch draußen sein mag.

Das macht Gottes Atem, Gottes Geist: In aller Stille und ganz sacht haucht er meinen glimmenden Lebensdocht an. Das ist „Regeneratio“ Dadurch wird die renovatio spiritus sancti (Titus 3,5) ermöglicht.[20]

Der „Gottesknecht“ macht keinen Lärm. Er tritt nicht stark auf. Er ist behutsam. Er schützt das Schwache. Er verbindet das Gebrochene. Er hilft auf und stärkt. Er spricht zu und ermutigt. Der „Gottesknecht“ ist das Urbild des wahren Seelsorgers.

In seiner stillen Beharrlichkeit entfaltet er seine weltverändernde Kraft. Alle Welt wartet auf ihn. Denn er ist der wahre Mensch.

nicht
angebrochenes
zerbrechen
anbruch
zerstören

nicht
richten
sondern
aufrichten

aufrichtig
helfen
stärken

der du
stark
und mächtig
bist
wie wunderbar
sind deine werke[19]

---

[19] Aus der Kantate „Meine Seele erhebet den Herrn“ von J.S. Bach.

[20] Die Erneuerung durch den Heiligen Geist. Ebd.

Samstag

Zweiter Sonntag nach Epiphanias

Leitmotiv: Jesus bringt Freude ins Leben

Wochenspruch: „Das Gesetz ist durch Mose gegeben; die Gnade und Wahrheit ist durch Jesus Christus geworden." Johannes 1,17

Wochenpsalm 105
Meditationstext: Johannes 1,17

Es gibt mehr. Das Gesetz des Mose war eine wirklich tolle Sache. Revolutionär im Kontext der orientalischen Gottkönigspolitik des zweiten vorchristlichen Jahrtausends. Ungleich humaner. Echter Fortschritt. Stringent hergeleitet von dem einen Gott Israels, dem Gott, der sein nahes Dasein zusagt, der das Kleine groß macht, der Gerechtigkeit und Barmherzigkeit liebt, dem Gott, der sieht.

Aber es gibt mehr. Die Propheten haben es angekündigt, aber wer hat es wirklich geglaubt? Und die es glaubten, konnten es nicht fassen. Sie ahnten es nur.

Es gibt mehr: Gnade und Wahrheit. Das Gesetz ist ein Zaun. Gnade und Wahrheit hebt ihn weg. Denn Gnade und Wahrheit lässt sich nicht reglementieren. Und macht vor keiner Grenze halt. Setzt sich unaufhaltsam durch. Ist unersättlich. Duldet keine anderen Götter neben sich.

Zum Gesetz steht im lateinischen Bibeltext: „data est". Zur Gnade und Wahrheit steht dort: „facta est." Das Gesetz ist *gegeben*, Gnade und Wahrheit sind *geworden*. Das Gesetz ist ein Soll, Gnade und Wahrheit sind Fakten, vollendete Tatsachen. Nicht Forderung, sondern Wirklichkeit. Nichts, das man ausrechnen kann, ohne es zu erfahren, nichts Datenhaftes, nichts, das sich abspeichern lässt auf einer Datenbank. Gnade und Wahrheit sind wie die Luft, die wir atmen. Sie sind Lebenselixier. Zu Gnade und Wahrheit gibt es keinen objektiven Bezug. So ist auch das Wort nicht wahr als Buchstabe, den ich teilnahmslos untersuchen kann, sondern nur als Anrede und Antwort, nur im Dialog, indem es mich angeht und mich persönlich *etwas* angeht.

Wenn die Wahrheit mich erreicht, verändert sie mich. Sie ist wie das Licht: Sie erhellt. Wo die Wahrheit hin kommt, macht sie sich breit; wie das Licht zum Schein wird die Wahrheit zur Wahrhaftigkeit. Wo aber die Wahrhaftigkeit wohnt, hat das Leben Raum. Darum ist dort, wo die Wahrheit ist, immer auch die Gnade. Die Wahrheit macht lebendig. Darum ist sie Gnade.

Alles muss Gnade werden, alles Wahrheit. Alle Gnadenlosigkeit und alle Lüge muss schwinden wie die klamme Morgenfeuchte nach der Nacht. Überall hin muss die Sonne.

Herr Jesu, Gnadensonne, wahrhaftes Lebenslicht (EG 404).

Zweiter Sonntag nach Epiphanias

Sonntag

Meditationstext: Johannes 2,1-10

Wasser zu Wein: Das ist so ein wunderschönes Bild für die Wandlungskraft Gottes. Es ist armselig, was wir zu bieten haben, es ist beschämend, regelrecht peinlich, und wir können es nicht ändern. Der Wein ist alle. Wir haben keine Vorhänge - wir können sie uns nicht leisten. Wir haben keine passenden Möbel - wir können sie uns nicht leisten. Wir haben so wenig, gerade mal, notdürftig, unser tägliches Brot. Ist es durch Gottes Willen so oder durch meine eigenen Fehler? Fehlt uns die Qualität? Ach was. Es ist Wasser. Wir kochen auch nur mit Wasser. Aber sprich nur ein Wort, ...

„Füllt die Wasserkrüge mit Wasser! Und sie füllten sie bis obenan" (V7). Mit Wasser und nicht mit unserem frommen Weingepansche. Rein menschlich. Nur sozial. Nur politisch. Nur psychologisch. Religionsloses Christentum - wann endlich?

Nicht darin liegt die christliche Berufung, ein ganz anderer, Weltfremder zu werden, sondern Berufung stellt mitten hinein in die Welt - Licht der Welt, Salz in der Suppe.

Warum reagiert Jesus abweisend auf Maria? Vielleicht drängt sie und will das Wunder erzwingen. Dass jetzt endlich mal „seine Stunde" kommt. Wenn sie drängt, dann liegt sie falsch. Anders als die andere Maria. Die liegt richtig, zu Jesu Füßen. Dort liegt sie und tut nichts sonst. Sie hört nur zu (Lukas 10,38-42).

Oder will sie ihn zur Verantwortung ziehen? Dass er schnell etwas unternimmt gegen die peinliche Situation und alle Hebel in Bewegung setzt, damit irgendwoher Wein besorgt wird? Will sie ihn zur sozialen Konformität nötigen? Seine Familienangehörigen haben ein

mit verlaub
verehrte
madonna
ihr sohn
zaubert
grundsätzlich
nicht

das wunder
wird er ihnen
auch nicht
erklären
können

im gegensatz
zu ihnen
hat er
einfach nur
vertraut

auf seinen
vater

im gegensatz
zu ihnen
vollkommen
unaufgeregt

so ist er eben

im gegensatz
zu ihnen
hat er
keine angst

schon
gar nicht
vor dem geschwätz
der leute

im gegensatz
zu ihnen

Problem damit, dass er aus dem Rahmen fällt.

Jesus benimmt sich wieder einmal nicht so, wie Maria es sich vorstellt. Trotzdem vertraut sie: „Tut, was er euch sagt“ (V5). Und dann geschieht ein ganz stilles Wunder, mit dem weder sie noch sonst jemand gerechnet hätte und das nur wenige als solches erkennen.

An das stille Wunder will ich glauben, das anders ist als das, was üblicherweise als Wunder feilgeboten wird. Aufmerksam will ich sein, damit ich es erfasse und bestaune.

Montag

Zweiter Sonntag nach Epiphanias

Meditationstext: Römer 12,9-16

hart
hernieder
geschlagen
auf den kahlen boden
der tatsachen
sehe ich

sehe ihnen
ins gesicht
und
sage gutes
über dich

Diese Verse sind voll von Empathie und Wertschätzung. Jedes Wort kann ich von Herzen bejahen. V12 bringt meine Grundeinstellung auf den Punkt: Prägnanter kann das nicht ausgedrückt werden. So sieht ein Leben aus, das sich nicht von Niederlage zu Niederlage quält, sondern das sich von Sieg zu Sieg vorankämpft. Fröhlichkeit und Geduld bilden die heilige Allianz, und der rote Faden ist die Beharrlichkeit im Gebet - das Dranbleiben, die ganz unspektakuläre, ganz schlicht durchgehaltene Aufmerksamkeit, das Regelmaß - Kontinuität. Auch V13 ist eine Direktive, der ich sehr gern zusage. Das wünsche ich mir so sehr: Das offene Haus, die offene Hand.

Wenn wir bereit sind, die Türen für andere aufzumachen, dann öffnen sich auch uns die Türen, an die wir selbst so sehnsuchtsvoll klopfen.

Die offene Tür, das offene Herz ist alles andere als fehlende Abgrenzung - ganz im Gegenteil. Darum hat Paulus ja die Verse davor über das Maßhalten geschrieben. Tu gern, was deiner Berufung entspricht, *weil* du auf deine Grenzen achtest! So, dass du es wirklich von Herzen gern tun kannst. Und tue nichts, das du *nicht* von Herzen tun willst.

Das seien doch ziemlich einengende moralische Forderungen und das sei uns sowieso zu viel, hörte ich einen Prediger sagen, aber durch den Glauben gehe das schon irgendwie. Da steigt Ärger in mir auf, weil ich seine Botschaft in ihren verschiedenen Variationen schon so oft gehört und auch geglaubt habe: Natürlich gehe uns das alles vollkommen gegen den Strich. Natürlich wolle unser „natürlicher Mensch" das alles überhaupt nicht. Aber der Heilige Geist werde schon Wege finden, uns trotzdem dahin zu bewegen. Das ist so grundfalsch.

Die christliche Pflicht wird als saure Pflicht dargestellt. Das ist Verkennung der Liebe. Aber dieser Text trieft doch geradezu von Evangelium - von *froher* Botschaft; ich finde es schon fast zu dicht, wie Paulus hier mit heißem Herzen das Bild der Liebe malt. Lebensbejahung pur.

Liebe kann ihrem Wesen nach gar nicht saure Pflicht sein. Liebe ist, wenn sie ohne Falsch ist (V9), reine Freude. Und da wird nun auch wieder sehr deutlich, dass Spaß nur ein Teilaspekt der Freude ist - eine Zutat im Kuchen der Freude, sehr wichtig, damit die Freude auch wirklich Freude bleibt (dass sie nach Freude schmeckt), aber Freude ist viel mehr und sie erreicht ihre wahre Tiefe gerade dort, wo der Spaß aufhört. Freude ist zutiefst da, wo Sinn erfahren wird.

Zweiter Sonntag nach Epiphanias

Dienstag

Meditationstext: Exodus 33,15-23

„Wenn nicht dein Angesicht vorangeht, so führe uns nicht von hier hinauf" (V15). „Wenn der Herr nicht das Haus baut... Wenn der Herr nicht die Stadt behütet... Es ist umsonst, dass ihr früh aufsteht und hernach lange sitzet und esst euer Brot mit Sorgen; denn seinen Freunden gibt er es im Schlaf" (Psalm 127).

„Wem ich gnädig bin, dem bin ich gnädig, und wessen ich mich erbarme, dessen erbarme ich mich" (V19). Das heißt: Gott hält Wort. Gott ist absolut verlässlich. „Was er sich vorgenommen und was er haben will, das muss doch endlich kommen zu seinem Zweck und Ziel" (EG 361). Sind wir auch untreu - er ist treu, er kann nicht uneins mit sich selbst werden. „Wie sich ein Vater über Kinder erbarmt" (Psalm 103,13). „Er kennt das arm Gemächte, er weiß, wir sind nur Staub" (EG 289).

„Siehe, es ist ein Raum bei mir, da sollst du auf dem Fels stehen" (V21). Meine Felsenfestigkeit finde ich nur in diesem Raum seines Erbarmens, wo er die Hand über mich hält. Es ist der geschützte Raum, aber auch der abgeschlossene Raum, so lange Gott sein Werk vollzieht. So lange kann ich ihn nicht sehen, so lange bin ich blind

lazarus

ehrlich
gesagt
die unerschütterliche
felsenfeste
gewissheit
deines
vorangehens
hirte
fehlt mir
noch

zu sehr
bin ich
erschüttert

mag
die höhle
meiner angst
dein erbarmen
sein

du erfüllst
meine bitte
mir
unbedingt
vorauszugehen

indem du
mich nicht
sehen lässt
wie du
mir hilfst

nimm weg
den stein
von meinem
grab

und lahm, so lange bin ich in der Krise, so lange ist er mir gespenstisch, unheimlich, bedrohlich nah, nicht freundlich. Das behält er sich vor. Insofern kann ich nicht mit ihm inter-agieren, zusammenwirken. Aber ich kann und darf ihm hinterhersehen, fröhlich in Hoffnung, aus meiner Kluft heraustreten und in den Werken wandeln, welche er zuvor bereitet hat (Epheser 2,10).

Auf dem Felsen stehen und trotzdem Gott nicht sehen können, weil seine Hand die Sicht versperrt. Doppelt umhüllt wie ein Vogel in der hohlen Hand - geborgen, geschützt, aber auch festgehalten, eingeschlossen, ferngehalten. Existenz des Glaubens. Nur so wird die Verheißung Wahrheit. Hinterhergehen, seinen Spuren folgen, gewiss, dass er den Weg bereitet hat. Ich werde zurückgehalten, damit Gott freie Bahn hat. Ich kann sein Angesicht nicht sehen, weil Gott nicht Gegenstand für mich sein kann. Du sollst dir kein Bildnis machen: Wenn Gott mir zum Objekt wird, dann bin ich zum Götzendiener geworden.

Zurückgehalten werden: Das ist Krise, Gottverlassenheit, Leid. Abbruch meines guten Weges. Das furchtbare Scheitern ging voraus. Mose hat alles verloren: Macht und Ansehen. Alle tanzen ums goldene Kalb. Grausamer Preis der Kontemplation: Er gehört nicht mehr dazu. Er sieht, was die anderen durchaus nicht sehen. Er ist ein seltsam fremder Heiliger geworden. Die Musik spielt anderswo. Alles ist zerrissen, schrecklich bestätigt ist sein Zweifel zu Beginn der Berufung: Ich werde es nicht schaffen, diesem großen Auftrag gerecht zu werden. Darum wird er nun so resolut: „Wenn du nicht eindeutig vorangehst, dann gehe ich nicht mehr weiter." Und Gott antwortet, indem er ihn buchstäblich in die Hand nimmt. Er rettet Mose. Und dadurch geht es weiter für Mose und das ganze Volk. Die Gnade für Mose ist die Gnade für Israel.

Zweiter Sonntag nach Epiphanias

Mittwoch

Meditationstext: 1.Korinther 2,1-10

„Wenn nicht dein Angesicht vorangeht, so führe uns nicht von hier hinauf", stand gestern im Text (Exodus 33,15). Nicht Menschenweisheit begründet mein Werk, sondern Gottes Kraft (V5). Auch nicht meine Rhetorik, nicht die Performance. Und es ist das Geheimnis des Glaubens, das Gott mitteilt, nicht die Enthüllungen der Marktschreier. Nur im stillen Hinhören offenbart es sich und es offenbart sich anders, als wir vorweg zu wissen meinen. Nicht im abgespulten Programm, nicht im lückenlosen Dogma, nicht in der perfektionierten Strategie. Das ist nicht schön, aber es ist das alles entscheidende Entweder-Oder. Es ist nicht schön, denn es ist wirklich Schwachheit, wirklich Grenze. Es ist nicht das, was die Leute suchen, die frommen eingeschlossen. Es ist Armseligkeit. In der Armseligkeit gibt es nur zwei Möglichkeiten: Entweder das Wunder, dass Gott trotzdem Großes tut oder die Fortdauer der Armseligkeit - dass nichts geschieht von dem, was wir erhoffen, dass wir einfach in der Armut bleiben und unsere Visionen Träume sind wie Nebel, der bald vergeht.

Segen, Fülle, Lebenslust, Überfluss - das ist nicht machbar für den Menschen, der an Gott gebunden ist. Gott ist eifersüchtig. Das meint: Er duldet keine Nebengötter: Menschen und Mächte, die nachhelfen dort, wo Segen fehlt. Menschen und Mächte, die den Mangel füllen. Er allein, ganz allein, will das tun. Er teilt seine Ehre nicht. Darum: Was ich nicht von ihm erhalte, direkt von ihm, erhalte ich *gegen* ihn. Darum ist die Armut radikal.

ich frage mich
was dich
bruder paul
so sehr
geängstet hat
damals
in korinth

danach
warfen sie dir vor
du würdest
mutig schreiben
und furchtsam reden

du
ich schreibe auch
viel lieber
und besser
als mich
den gnadenlos
eloquenten
dominanten
besserwissern
von angesicht
zu angesicht
zu stellen

du
ich glaube
wir verstehen
uns

kann das sein

Donnerstag

Zweiter Sonntag nach Epiphanias

Meditationstext: Markus 2,18-22

*kommt es
von außen
oder
kommt es
von innen*

*ist es
müssen
oder
wollen*

*zwang
oder
freiheit*

*wo
dein
geist
ist
da
ist
freiheit*

Nicht zusammenstückeln, was nicht zusammen gehört. Das ist ein komplementäres Wort zu „Was Gott zusammengefügt hat, soll der Mensch nicht scheiden" (Markus 10,9). Es gibt Verbindungen, die den Riss in sich tragen. Schädigende Traditionen. Verpflichtungen auf Gepflogenheiten, die das Leben hindern. „Was ihr auf Erden bindet, soll auch im Himmel gebunden sein. Was ihr auf Erden löst, soll auch im Himmel gelöst sein" (Matthäus 18,18). Der Heilige Geist gibt nicht nur die Vollmacht des Bindens, sondern auch die Vollmacht des Lösens von lebensfeindlichen Zusammenfügungen.

Einerseits setzt Jesus die Tradition fort und erfüllt sie, andererseits bringt er völlig Neues, das überhaupt nicht zusammenpasst mit dem Gewesenen. Das ist die Dialektik des Glaubens: Sowohl-als-auch statt Entweder-oder. Aber Sowohl-als-auch nicht als spießbürgerliche Synthese, beschnitten auf beiden Seiten und darum weder Fortschritt noch Tradition, sondern als echte Synthese - beides eben ganz. Tradition nicht im Sinne des Aufbewahrens von Asche, sondern Tradition als Verpflichtung, das Feuer weiter brennen zu lassen; wenn es aber brennen soll, braucht es neue Zufuhr: neuen Brennstoff und frischen Wind. Geistlicher Fortschritt ist etwas anderes als so weiterzumachen, wie wir es schon immer gemacht haben. Er wagt das ganz andere, das Unerhörte. Aber er wagt es nicht um des Neuen willen, sondern um des Weiterbrennens willen.

Was höre ich? Was sagt Jesus mir heute? Worin besteht mein Neues - dieses ganz andere, in dem sich aber die Tradition ganz erfüllt? Jesus zeigt ja mit dem nächsten Abschnitt die Richtung an: Der Sabbat ist um des Menschen willen gemacht und nicht der Mensch um des Sabbats willen. Da kommt neuer Wind in die stickige Atmosphäre der Mussforderungen und treibt sie aus.

Die Verse 28-22 bilden mit 23-28 eine organische Einheit. Jesus gibt dem Gebot seinen ursprünglichen Sinn zurück: Es ist nicht gegen den Menschen, es ist für ihn. Es ist Lebenshilfe.

Die Frage ist ganz einfach: Wie kann ich möglichst sicherstellen, dass ich mich heute meines Lebens freue? Dass ich weiter unter dem Paradigma der Unbeschwertheit lebe statt unter dem der Sorge? Weiter von Sieg zu Sieg statt von Niederlage zu Niederlage? Jedenfalls nicht in einer Opferhaltung. Nein! Sondern indem ich auf mich selbst achte und sinnvolle Konsequenzen ziehe.

Zweiter Sonntag nach Epiphanias

Freitag

Meditationstext: Hebräer 12,12-25

„Seht zu, dass ihr den nicht abweist, der da redet" (V15). Nein, ich weise ihn nicht ab. Ich höre und ich höre *hin.* Ich bin gekommen „zu dem Mittler des neuen Bundes, Jesus, und zu dem Blut der Besprengung, das besser redet als Abels Blut" (V24), zum Neuen Bund, der besser redet als der alte. Ich höre. Ich höre jetzt. Was höre ich? „Mein Sohn, erachte nicht gering die Erziehung des Herrn und verzage nicht, wenn du von ihm gestraft wirst. Denn wen der Herr lieb hat, den züchtigt er, und er schlägt jeden Sohn, den er annimmt. Es dient zu eurer Erziehung, wenn ihr dulden müsst" (V5). Alle Kinder Gottes erfahren Züchtigung (V8). Harte Schläge als Erziehung. Was höre ich? Was folgere ich? „Sei nicht wie ein Abtrünniger oder Gottloser wie Esau, der um der einen Speise willen seine Erstgeburt verkaufte" (V16). Lass die bittere Wurzel nicht zu, lass es nicht zu, dass sie sich auswächst und sehr viel Bitterkeit verbreitet.

Und wie ist es mit der anderen Seite: „Wie sich ein Vater über Kinder erbarmt, so erbarmt sich der Herr über die, die ihn fürchten" (Psalm 103,13)? Und was ist mit „über die, die ihn fürchten" gemeint? Etwa der Drill der Kinder, die funktionieren wie aufgezogen? Der braven Marionetten? Wenigstens sagen die Klagepsalmen etwas anderes.

Stärken soll ich mich statt zu verbittern.

frieden
mit jedermann
großes wort

aber gut
ich will das ja

nur weiß ich
jedermann hat ein gesicht
zwei augen

jedermann
bist du

und
mit dir
dem einen
einzigen
menschen da

der mich enttäuscht
der meine
täuschung
offenbart

habe ich
immer
genug
zu tun

hier und heute

dass frieden wird
hier
in mir
und überall

stärken
heißt nicht
noch mehr
herauspressen
sondern
kraft gewinnen
energie
neuen mut
hoffnung
freude
leibhaftig
entlastung

Samstag

Dritter Sonntag nach Epiphanias

Leitmotiv: Christus für alle Welt

Wochenspruch: „Es werden kommen von Osten und von Westen, von Norden und von Süden, die zu Tisch sitzen werden im Reich Gottes." Lukas 13,29

Wochenpsalm 86
Meditationstext: Lukas 13,22-30

Jesus nachzufolgen ist kein Selbstläufer. Der Gedanke „Es wird schon irgendwie werden" führt nicht zum Ziel, sondern das Tun des Willens Gottes. Die augenscheinliche Übereinstimmung damit macht nicht die tatsächliche Übereinstimmung aus.

Dann endlich gibt es keinen Zweifel mehr.

Dabei sein ist alles. Aber nur das Dabeisein auf dem Spielfeld. "Wer nicht gekämpft, trägt auch die Kron des ewgen Lebens nicht davon" (EG 385). „Ringt darum, dass ihr durch die enge Pforte hineingeht" (V24). Setzt alles daran. Lukas verwendet tatsächlich einen Begriff aus dem Sport. Paulus gebraucht ihn auch, wenn er den Weg des Glaubens mit einem Wettlauf im Leichtathletikstadion vergleicht. Dieses „Ringen" meint Kampf mit ganzem Einsatz; ein überlegtes, zielgerichtetes Aufbieten aller Kräfte für das eine große Ziel.

Aber wer kann schon von sich behaupten, dass er in diesem Kampf gewinnt? Zumal das in den neutestamentlichen Texten noch zugespitzt wird: „Wenn jemand auch kämpft, wird er doch nicht gekrönt, er kämpfe denn recht“ (2.Timotheus 2,5). Besteht nicht gerade darin eines der großen Übel des Christentums, dass es scheinbar Starke gibt, die dazu prädestiniert sind, es zu schaffen, und sehr viele Schwache, die es einfach nicht hinbekommen und sich nur verkrampfen, wenn sie es versuchen?

„Übeltäter“ (V27) sind solche, die äußerlich dazugehören, aber doch ganz anders leben. Ihre Lebensgestaltung kommt nicht aus dem Glauben, sondern aus dem Gesetz. Sie sind unter dem „Muss“, sie wagen es nicht, ganze Menschen zu sein, mit einem vollen Ja zum Leben. Sie tun ihre Pflicht, wenn überhaupt, aber ihr Herz ist nicht bei Gott, weil ihr Schatz nicht bei Gott ist. Sie haben andere Götter, aber sie gestehen es nicht ein, weil sie sich vor dem einen Gott und seiner Strafe fürchten. Darum werden sie nicht müde, „Herr, Herr...“ zu rufen (Matthäus 7,22).

Die Letzten, die Erste sein werden, sind hingegen alle, die sich von der Liebe Gottes in Jesus berühren ließen.

Am Ende sitzen wir alle zu Tisch. Es gibt was Gutes. Uns wird voll eingeschenkt.

Alle auf Augenhöhe. Der Tisch ist rund. Ohne Präsidium. Ohne Katzentisch. Ohne Angst. Ohne Peinlichkeit. Ohne Heuchelei. Ohne Krampf.

Wir reichen uns die guten Gaben. Wir genießen. Jeder für sich und alle miteinander. Nur er, der uns geladen hat, sitzt nicht in der Runde. Er hat zu tun. Denn heute ist sein großer Tag. Wir erfüllen seine Freude. Wir lassen es uns gefallen, dass er uns bedient. Er wäscht uns die Füße. Er salbt uns mit Öl. Wellness pur.

Er steht hinter uns. Er wendet sich jedem ganz persönlich zu.

Genauso wie schon hier. Aber hier sehen wir ihn nicht. Darum sorgen wir uns und klagen bitter, im Stich gelassen zu sein.

Sonntag

Dritter Sonntag nach Epiphanias

Meditationstext: Matthäus 8,5-13 (Evangelium)

Es ist mir so bewusst, wie dünn das Eis ist, auf dem ich gehe. Jedes Knacksen lässt mich zutiefst erschrecken; dann schreie ich aus Angst unterzugehen. Gehe ich auf Eis oder gehe ich über das Wasser?

Das verhaltenspsychologische Depressionsmodell der erlernten Hilflosigkeit kommt mir in den Sinn, und wie sie überwunden wird: Durch die beständige Erfah-

wahrscheinlich
wird wirklich
jedes gebet
erhört
indem genau das
geschieht
was ich bitte
vorausgesetzt
die not
ist so grausam
dass sie dein herz
sehr berührt
und vorausgesetzt
ich schreibe dir nicht vor
wie die hilfe
auszusehen hat
und vorausgesetzt
es tut mir nicht besser
wenn ich allein
damit fertig werde
nur so
kann ich
mir erklären
dass es allermeist
nicht so geht
wie in dieser geschichte

rung der Verlässlichkeit des Erfolgs. Dazu muss man den Hund auch mal beim Halsband nehmen und zum Fressnapf führen. Er glaubt es sonst nicht, wenn er als Versuchstier im Verhaltensexperiment zu oft unberechenbare Stromschläge auf dem Weg zum Futter erhielt. So geht es mir. Viel zu viele Negativerfahrungen habe ich gemacht. Zutiefst verstört haben sie mich werden lassen, nicht gestört, nicht *zer*stört, aber *ver*stört. Ver-stört ist ein gutes Wort: Verstört werde ich, wenn so viele Störungen auftreten, dass die Verlässlichkeit des Erfolgs völlig dahinschwindet. Wie ein Sender, der nicht zu finden ist, weil so viele Störsender seine Wellen sabotieren. Und so ist es ja bei der erlernten Hilflosigkeit: Sehr oft steht am Anfang nicht die irrationale Bewertung, aus der die Sich-selbst-erfüllende Prophezeiung hervorgeht, sondern sie ist, wie im Tierexperiment, Resultat realer Verstörungserfahrungen über langen Zeitraum hinweg. Genau das habe ich erfahren. Und der mich dies erfahren ließ, ist Gott.

„Sprich nur ein Wort, so wird mein Knecht gesund" (V8). In der Abendmahlsliturgie steht „Seele" statt „Knecht". Meine Seele ist gelähmt und gequält. Mir geschieht, wie ich glaube. Was glaube ich? Dass ich gesund bin - geheilt, wiederhergestellt. Im Namen Jesu. Der Tod darf nicht herrschen über uns. „Die Rechte des Herrn behält den Sieg. Die Rechte des Herrn ist erhöht. Ich werde nicht sterben, sondern leben und die Werke des Herrn verkündigen." „Dies ist der Tag, den der Herr macht; lasst uns freuen und fröhlich an ihm sein." „Man stößt mich, dass ich fallen soll." „Der Stein, den die Bauleute verworfen haben, ist zum Eckstein geworden." Verse aus Psalm 118. Ich bin gefallen und an dem Ort, an dem ich liege, bin ich Eckstein. „Das ist vom Herrn geschehen und ist ein Wunder vor unseren Augen." Dazu bin ich da: Um ein Eckstein zu sein. Das ist meine Berufung. „Danket dem Herrn, denn er ist freundlich."

gesundmacher
hingehen
bitten
alles klar
befehl geben
alles paletti
zack

so
glaubst du richtig

wie ich das hasse

du sagtest
nur ein wort
und meine seele
ward gesund
von diesem wahn

reinigst mich
vom aussatz
kranken glaubens

Dritter Sonntag nach Epiphanias

Montag

Meditationstext: Römer 1,14-17

Ich schäme mich der Guten Nachricht nicht, sofern sie Gute Nachricht ist. Aber ich schäme mich meiner frommen Verlogenheit. Ich schäme mich der Bemühungen, Leben durch Frömmigkeit zu ersetzen. Ich schäme mich des Glaubens, der „Opium fürs Volk" ist, des kompensatorischen Glaubens, des Glaubens als eines Mittels zur Macht. Ich schäme mich des reichen Glaubens, des gewichtig auftretenden, des arroganten Glaubens. Ich schäme mich der Überheblichkeit, der Besserwisserei, des Nicht-ernst-Nehmens der anderen, die nicht recht glauben oder nicht recht zu glauben scheinen. Ich schäme mich des Bekennermuts, der nicht besser ist als die Aufdringlichkeit von Jehovas Zeugen.

Evangelium heißt: *Frohe* Botschaft, *Gute* Nachricht. Die Frohbotschaft ist keine Drohbotschaft, wiewohl sie oft damit verwechselt wird. Sie ist kein Drohen *mit* der

schämt euch
die ihr
frohbotschaft
zu drohbotschaft
verbiegt
pflugschar
zu schwert

schämt euch
die ihr mich
bedroht habt
mit der hölle

schämt euch
des geilen zeigefingers
der mir
zur keule wurde

schämt euch
dass ihr
der angst
die herrschaft
überließet

eurer schäm ich mich

nicht aber
deiner

trostwort
so mein Jesus
spricht[21]

freund
bruder
der du
mich nie
beschämst

Hölle, sondern ein Trösten *angesichts* der Hölle. Wer um keine Hölle weiß, der braucht den Trost des Evangeliums nicht. Aber der schläft auch. Er hält die Augen verschlossen für den wirklichen Zustand der Welt. Man braucht keine Löcher durch die Erdkruste zu graben, um die Hölle zu finden. Leider ist sie viel näher: Überall dort, wo Böses herrscht. Lassen wir uns daran erinnern, dass es die Hölle gibt. Schauen wir nicht weg, so schmerzhaft und beschämend die Bilder auch sind, besonders die unserer eigenen deutschen Geschichte. Schämen wir uns neu. Wir Deutschen haben Grund dazu, ob alt oder jung, denn wir gehören alle zu diesem Volk, das die größten Verbrechen der Menschheitsgeschichte ausübte und anzettelte.

Aber das Evangelium haben wir auch, und deshalb dürfen wir uns trotz allem freuen. Denn der eine wahre Mensch, unser wahrer großer Menschenbruder, hat stellvertretend für uns die Schuld auf sich genommen. Sein Tod an unserer Stelle ist unsere Erlaubnis zum Leben. "Die auf ihn sehen, werden strahlen vor Freude, und ihr Angesicht soll nicht schamrot werden" (Psalm 34,6).

Gestern, in der Austauschrunde des Seelsorgeseminars, schnupperte ich den Duft der Frucht. Menschen ändern sich: Werden frei, kommen nachhause, atmen frohe Botschaft, lassen Enge hinter sich. Christen zuerst. Gestern spürte ich Blinder einen Lichtstrahl der Liebe Gottes, einen hellen Schimmer Wahrheit.

---

21 „Ich höre mitten in den Leiden ein Trostwort, so mein Jesus spricht. Drum, o geängstigtes Gemüte, vertraue deines Gottes Güte, sein Wort besteht und fehlet nicht, sein Trost wird niemals von dir scheiden!“ Aus der Kantate „Aus tiefer Not schrei ich zu dir“ von J.S. Bach.

Dritter Sonntag nach Epiphanias

Dienstag

Meditationstext: Johannes 4,43-54

ist auch
das motiv
der bitte
zweifelhaft

das tödlich
gekränkte
in mir
schreit
dich an

brüllt
nach trost

meine not
nötigt
dich

Der Prophet gilt nichts „in seinem Hause“ (V44). Was bedeutet das? Es ist ja offensichtlich eine tiefe, allgemein gültige Wahrheit. Sind es die Rollenzuweisungen, die durch das System vorgenommen werden? Zum Beispiel diese: Du bist der Kleine und du hast es zu bleiben. Jedenfalls ist es eine Blindheit durch Vorurteile. Das ist anscheinend der Punkt: Je bekannter, je mehr zuhause, desto größer das Vorurteil, so paradox das ist. Die eingeschliffenen Erwartungen verhindern die Wahrnehmung des Prophetischen, nämlich des ganz anderen, das Erneuerung ermöglichen würde.

Dieser Mensch in Not erwartet anscheinend irgendeine Handlung Jesu, die den Heilungserfolg nachvollziehbar machen soll (V47-48). Er setzt seine Erwartung auf das Tun. Er meint, dass da etwas *geschehen* müsse! Aber es geschieht gar nichts. Nur das eine: Jesus spricht. Er sagt ihm die Heilung zu. „Es soll nicht durch Heer oder Kraft geschehen, sondern durch meinen Geist“ (Sacharja 4,6). Seinen Freunden gibt er es im Schlaf. Die Wandlung geschieht im Nicht-Tun. Wie schon beim Wein-Wunder (Johannes 2): Marias Sorge will Aktivität: „Sohn, da musst du doch jetzt was *tun*!“ Das wehrt Jesus ab. Darum schläft er ja auch, als der Sturm tobt und das Boot gleich vollläuft und untergeht. Es gibt kein „Zu-spät“ bei ihm. Darum lässt er sich unendlich viel Zeit, als Lazarus schon tot ist. „Fürchte dich nicht, glaube nur“ (Markus 5,36).

Genau das ist meine Situation: Ich stehe mitten auf dem See auf dünnem Eis. Wenn es in der Eisdecke knackt, reagiere ich panisch. Ich fahre mit meinem Boot in seichtem Wasser. Jeden Moment kann ich aufsitzen - dann ist es aus, kein Weiterkommen mehr. Ich bin elend und arm (Wochenpsalm 86). Ich kann mich nicht selbst tragen. Ich bin angewiesen. Ich verfüge nicht über diesen Tag. „Ich habe keine Angst - ich stehe sicher“, sagte ich gerade noch - und schon ist es wieder anders, wie wenn die Sonne einmal kurz durchscheint und sich dann wieder hinter Wolken verzieht, und mit ihr geht auch die Stimmung dahin: Doch, ich habe Angst, wieder Angst, und wie sollte es auch anders sein?

Mittwoch

Dritter Sonntag nach Epiphanias

Meditationstext: 2. Könige 5,1-19

falsche adresse

kein wunderheiler hier

nur ein mensch

heb dich hinweg wundergeiler

tauf dich in dein geschick

werde mensch endlich

nur dann wirst du gesund

Dieser Aussatz war nichts, womit er leben konnte. Er musste es, aber er war sehr eingeschränkt. Er litt sehr darunter. Er sehnte sich sehr danach, ihn endlich loszuwerden. Seine hervorragenden Leistungen waren dadurch sehr beeinträchtigt. Er konnte keine rechte Freude daran haben. Sie glichen seinen Mangel nicht aus.

Der Weg zur Heilung, so scheint es ihm wie auch seinem König, benötigt eine große Investition. Sie setzen auf Geld, Macht und Machen. Das ist ähnlich wie im Text gestern: „Wenn ihr nicht Zeichen und Wunder seht, glaubt ihr nicht“ (Johannes 4,47-48). Aber hier wie dort führt nicht die große Investition und das dieser entsprechende Wunderwerk zum Ziel, sondern das schlichte Vertrauen auf ein gegebenes Wort. Das Untertauchen Naamans ist so relevant wie das Nachhausegehen des königlichen Beamten: Ein Anti-Zeichen geradezu, das Gegenteil der erwarteten spektakulären Behandlung, an der man dann auch so richtig sehen könnte, was das für ein kompetenter Heiler ist, dieser Prophet da, die beeindruckende Performance. Sie geschieht in gar keiner Weise. Den königlichen Beamten wird es nur irritiert haben; den mit allen Wassern des Machtgebahrens gewaschenen Naaman ärgert es. Den Macher stört es empfindlich, wenn er einfach nur still sein und vertrauen soll. Elisa knipst den Schalter „Aktivismus“ völlig aus, genau wie Jesus immer wieder, zuerst, als Maria ungeduldig wird, weil sie keinen Wein mehr haben, und dann beim königlichen Beamten, der darauf drängt, wie die Feuerwehr an den Ort des Unglücks zu eilen, bevor es zu spät ist. Elisa wie Jesus lässt sich nicht beeindrucken, weder von der Not noch vom lockenden Angebot, gefeierter Held zu sein, international anerkannter Heiler mit allerbesten Referenzen, zehn exzellenten Anzügen, blendend weißen Zähnen und sehr viel Gold und Silber. Er hält sich heraus. Gott sorgt für ihn.

Die Anti-Zeichen weisen einen roten Faden auf: Es geht abwärts. Als der Wein zuendegegangen ist, tut Jesus erst einmal nichts (Johannes 2). Das bedeutet: Das Problem wird erst einmal richtig zum Problem. Panik kommt auf. Der Rückweg des königlichen Beamten ist ein Weg „hinab“ (Johannes 4,51). Offensichtlich ist es so: Wenn Gott sich herablässt, uns zu helfen (Johannes 4,49), dann führt er uns zuvor hinab. Dem Hochmütigen widersteht er, dem Demütigen gibt er Gnade. Darum schläft Jesus immer noch, als das Boot schon untergeht - Panik kommt auf. Darum kommt er zu Lazarus, als er schon längst begraben ist - Depression hat sich breit gemacht.

Erst als Naaman sich wirklich und ganz demütigt, indem er in das Jordanwasser hinab taucht, wird er rein, wirklich und ganz. Was heißt das für mich hier und heute?

- Meine Anstrengungen schaffen nicht die Erfüllung meiner Sehnsucht. Ich finde sie nur über den Weg der Demut.
- Meine Sehnsucht ist: Ich bin aussätzig und ich möchte rein sein. Rein sein bedeutet: Vollständig rehabilitiert. Vollständig in meiner Würde wiederhergestellt. Ohne Dorn des schlechten Gewissens. Und wenn mit Angst, dann darum, weil sie mir immer noch in den Knochen steckt, nicht aber, weil sie berechtigt da ist, aus Schuld und Scham; dann also immer so, dass ich sie wie einen Schatten zurücklassen darf, wenn die Sonne aufgeht: Das ist gestern, aber die Zukunft hat schon begonnen, und das bedeutet: Ich bin völlig rein vom Aussatz und werde es bleiben, alles ist gut. Dieses schlimme dunkle Tal liegt gänzlich hinter mir.
- Mein Weg zur Reinigung ist ein Weg hinab. Ein Weg des leeren Netzes. Ein Weg der Peinlichkeit. Ein Weg, auf dem man mich von oben herab belächeln und verspotten kann. Und ich habe nichts, womit ich mich wehren und rechtfertigen kann. Was gehst du, Naaman, in den Jordan baden? Mit deinen großartigen Heilungserwartungen bist du ja gründlich baden gegangen. Ein Weg zum Kopfschütteln. Oh Naaman, es scheint, dass du auf seltsame Wege geraten bist. Wenn das mal nicht schief geht... Bedenklich. Und was wird sein, wenn *nichts* passiert? Du bleibst aussätzig wie zuvor trotz dieser Tauchaktion? Wenn du ganz übel zum Narren gehalten wirst?
- Mein Motto kann nur lauten: „Allein zur Ehre Gottes“. Das ist der Heilungsweg für mich und das ist der Weg meiner Berufung für andere. Nur dadurch ist mein Werk zu rechtfertigen. Daran hängt alles.
- Dieses Motto muss alles bestimmen. Und dann gilt: Ich brauche nicht danach Ausschau zu halten, Macht, Reichtum und Ansehen durch exzellente Referenzen und spektakuläre Leistungen zu erreichen.
- Und das wiederum heißt: Es muss klar sein und bleiben, je länger je mehr, dass es einen deutlichen Unterschied gibt zwischen Gottes Handeln und meinem. Ich kann

und will nur Handlanger sein, einer, der sich bemüht, den Weg für andere frei zu machen, nicht im Weg zu stehen, Handspiegel Jesu, Resonanzboden der Gnade, schlecht und recht, „Türhüter an meines Gottes Haus“ (Psalm 84,11).

Elisa ist stimmig - selbstkongruent. Gehasi (V20-27) ist in sich gespalten. Er entscheidet sich für Reichtum, Macht und Ehre. Aber er verliert sich selbst dabei: Ein Mensch, zu dem man auf Abstand geht. Einer, um den man einen großen Bogen macht. Einsamer Mensch, der die Liebe dem Besitz geopfert hat. Er holt sich den Aussatz und wird ihn nicht mehr los.

Donnerstag

Dritter Sonntag nach Epiphanias

Meditationstext: Johannes 4,5-14

mensch
bedürftiger
danke

gern
schöpf ich
dir

spürend
dass wir
freunde
werden

lauschend
dem gluckern
der quelle

Jesus beansprucht Wasser von dieser Frau - aber wer davon trinkt, bekommt wieder neuen Durst. Das ist *unsere* Seite der Diakonie. Dazu brauchen wir den Mut zum „Tropfen auf den heißen Stein“. Den Mut, unser Weniges zur Verfügung zu stellen, wie in den Brotvermehrungsgeschichten. Den Mut, die Krüge mit schlichtem Wasser zu füllen, wie bei der Hochzeit zu Kana. Den Mut, die Beschränktheit des Mitmenschlichen zu akzeptieren.

Jesus bietet der Frau Wasser aus der Quelle des ewigen Lebens, den ewigen Durstlöscher: Das ist *seine* Seite der Diakonie.

„Gib mir zu trinken“ (V7). Von dem Wasser, das schon die Patriarchen tranken. Von dem Wasser, das wir immer wieder neu trinken und das doch unseren Durst nicht bleibend stillt. Vom Alltagswasser. Aber das Wasser, das er uns gibt, ist das ganz andere: Bester Wein des Lebens im Überfluss.

„Gib mir zu trinken“. Das hatten ihr schon einige Männer gesagt, müde und durstig nach Liebe. Und sie hatte sich bitten lassen, immer wieder. *Sie* tranken sich satt und *ihr* Durst wurde immer größer. Aber nun ist es anders: Er wird sie nicht durstig zurücklassen. Sie soll trinken im Überfluss. Die Zeit des großen Liebesdurstes ist vorbei, für immer. Jedes Mal hatte sie gehofft, nun endlich selbst geliebt zu werden, schöpfen, baden zu können in der Liebe, ohne Sorge, wieder verlassen zu werden. Jetzt ist sie gekommen, die neue Zeit. Jetzt findet die Sehnsucht Erfüllung.

Die Letzten werden die Ersten sein. Der Hirte sucht und findet, was verloren ist.

Verloren ist das Schaf, das von der Herde getrennt ist. Das Schaf an der Außenseite, das schwarze Schaf, das andere Schaf. Das Schaf, das den anderen nicht passt. Das Schaf, das nicht mitkommt.

Verloren sein heißt: In großer Not sein. Der Pharisäismus sagt: „Ich weiß es zu verhindern, in große Not zu kommen. Niemals wird das geschehen. Und wem es geschieht, der ist selbst schuld." Der Pharisäismus will die Not nicht kennen und leugnet sie darum. Deshalb kann sich auch der pharisäische Bruder im Gleichnis vom Verlorenen Sohn nicht über den Heimkehrer freuen. Er kann ihm bestenfalls allergnädigst ein Plätzchen einräumen.

Mir reichte es voll und ganz, einmal schon der Verlorene gewesen zu sein, damals in der Pubertät, als ich den Anschluss verlor und bei der Droge Hilfe suchte. Ich meinte, gerettet zu sein. Aber ich wurde gerettet, um wieder neu zum Verlorenen zu werden. Nicht nur nach der korrekten Glaubenslehre - „wir sind allzumal Sünder" - sondern äußerst bitter, äußerst hart, äußerst konkret und ohne jegliche Entschuldigung. Das ist der schlimmste Fall, der meinem Glauben widerfahren konnte, der Unfall schlechthin.

Dritter Sonntag nach Epiphanias

Freitag

Meditationstext: Apostelgeschichte 10,21-35

Wenn Gott einen besonderen Auftrag für einen Menschen hat, der in eine wirklich neue Richtung weist, dann macht er anscheinend diesen Auftrag unmissverständlich deutlich. So wird Petrus geführt. Er wird zum Pionier eines neuen Weges. Gott weitet seinen Horizont. Er hat ihn auch ohne diese Weitsicht brauchen können, und er hat ihn ebenso deutlich wie jetzt im Rahmen seines begrenzten Horizonts geführt. So wie er ihn auch geführt und gebraucht hat, als der Heilige Geist noch nicht gekommen war, und so, wie er auch Kornelius, den noch Unbekehrten, deutlich führt. Gott kritisiert den begrenzten Horizont nicht, sondern er transzendiert ihn dem, der hört. Es kann keinen alten Trott geben, wo immer alles weiter geht, wie es war, und wo man sich dann allerdings auch sicher fühlt.

Es ist hier unmissverständlich zum Ausdruck gebracht, dass es Menschen gibt, die nicht Christen sind, die aber „Gott angenehm" sind, weil sie ihn ernst nehmen und recht tun. „Acceptus est" steht im lateinischen Text: Er ist akzeptiert von Gott. Ak-

was fordert dich heute heraus

wozu brauchst du wirklich mut

was ist tabu genau betrachtet aber unrecht

was erregt anstoß um der liebe willen

zeptanz, wenn sie echt ist, kennt keinen Vorbehalt.

Ich bin das Schwarzweiß-Modell leid: Nur im Christentum findet sich echte menschliche Qualität und Erkenntnis, die übrige Welt ist fast völlig im Dunkel, behauptet der christliche Pharisäismus. Ich kann mich allerdings nicht erinnern, schon jemand begegnet zu sein, der hierin wirklich konsequent war: auch das düsterste Bild des Weltmenschen lässt ihm ja eigenständige Qualitäten - man anerkennt die Leistung des Bäckers beim Brötchenbacken, auch wenn er nicht Christ ist, man kommt ja nicht darum herum. Die krasse Schwarzweiß-Unterscheidung beginnt meist erst im Seelischen und Geistigen.

Der heutige Bibeltext markiert etwas, das man gemeinhin ein „historisches Datum" nennt. Für Petrus und in der Folge für die ganze christliche Gemeinde findet hier eine geradezu revolutionäre Horizonterweiterung statt. Gott selbst überwindet auf eine Weise, die nicht weniger deutlich ist als die Begegnung Jesu mit Paulus vor Damaskus, das Denken in Schwarzweiß-Kategorien. Als Petrus das sagt, ist es ihm wie Schuppen von den Augen gefallen; das ist eine ganz große, gewaltige neue Erkenntnis für ihn.

Es ist nicht so: Hier die Erwählten, Juden und Judenchristen - dort die Heiden, denen man ja nicht zu nahe kommen sollte, die einfach unrein sind, im Finstern, nicht erwählt, ohne Erkenntnis. Sondern so ist es: Überall gibt es die Suchenden, überall auch die Menschen, die schon viel gefunden haben, überall gibt es Menschen auf dem Weg echter Wahrheitserkenntnis, und es ist ihnen nicht von außen anzusehen, wo sie sich befinden. Und alle diese Wege echter Wahrheitssuche, woher sie auch kommen, durch welche Gebiete sie auch führen, haben nur ein Ziel, ob sie es ahnen, glauben, wissen oder nicht: Den Christus. Darum konnte Jesus zu solchen Suchenden sagen: „Du bist nicht fern vom Reich Gottes" und sie damit einladen, weiterzusuchen, um auch wirklich ans Ziel zu kommen.

Nicht alle Wege führen nach Rom, aber alle Wege echter Wahrheitssuche folgen dem Stern der Liebe und Weisheit Gottes und weisen zum Stall nach Bethlehem auf Christus hin. Gott sieht das Herz an und weiß, wer dorthin unterwegs ist und wer nicht. Auch der Glaube, der gefunden hat, bleibt ein immerwährendes Weiter-unterwegs-sein, und wer meint, nicht mehr suchen zu müssen, fällt zurück. Auch Petrus, erfüllt mit heiligem Geist, ausgestattet mit apostolischer Vollmacht, höchst erfolgreicher Evangelist und Wunderheiler, muss bereit bleiben, Neues zu lernen, nicht nur Erweiterndes, sondern auch was ihm nie in den Sinn gekommen wäre.

Wir haben immer noch etwas vor uns, das uns in neues Staunen führen soll und wenn nicht, dann sind wir innerlich erstorben.

Letzter Sonntag nach Epiphanias

Samstag

Leitmotiv: Die Verklärung

Wochenspruch: „Über dir geht auf der Herr, und seine Herrlichkeit erscheint über dir." Jesaja 60,2

Wochenpsalm 97
Meditationstext: Jesaja 60,1-2

Verklärung ist größtmögliche Klarheit. Glasklare Wahrheit. Klarer Durchblick. Als die Engel zu den Hirten kommen, umleuchtet sie „die Klarheit des Herrn". „Und sie fürchteten sich sehr." Ist doch klar, oder? Bei all dem Ungeklärten unter ihnen. Oder Petrus auf dem Berg der Verklärung (vgl. Text morgen): „Alles klar, Chef, ich bau schon mal ein paar Hütten, für dich und Onkel Mose und Bruder Elia." Hütten bauen, wenn sich der Himmel öffnet... Doch, Petrus, du spinnst nicht einfach bloß. Du suchst Schutz. Du kommst dir höchst unangenehm durchleuchtet vor. Wenn jetzt auf einmal alles nur noch Wahrheit wird...

Ach ja, wie singen wir gleich wieder: „O komm, du Geist der Wahrheit, und kehre bei uns ein. Verbreite Licht und Klarheit, verbanne Trug und Schein" (EG 136). Wenn wir es überhaupt singen. Wenn wir uns nicht in ziemlich unklare Gefühlswolken hinaufjubeln, abheben, den Boden unter den Füßen verlieren.

Nichts da. Der Geist der Klarheit und Wahrheit macht extrem nüchtern.

„Gieß aus dein heilig Feuer, zünd Herz und Lippen an" (EG 136). Will ich das? An Jesaja denke ich (Jesaja 6). "Heilig, heilig, heilig" singen die Engel ganz unten am Rockzipfel Gottes im Tempel und das Krümelchen Jesaja kann nicht weglaufen. "Weh mir, ich verbrenne!" Er schreit vor Angst. Welch erhebender Augenblick...

Oder sollen nur die andern brennen? Mal so richtig durchläutert werden?

Lass uns tapfer trotzdem beten um den Geist der Wahrheit und Klarheit. Denn wenn wir nicht klar kommen, bleibt zuletzt nur noch die Angst. Oder?

Ja sagen, ehrlich werden. Immer noch ein bisschen ehrlicher. Immer noch ein bisschen klarer. Dass mir nach solchem Kampf die Sonne aufgeht (Genesis 32,32).

„Mache dich auf“ heißt: „Komm in Bewegung“. „Werde licht“ heißt: „Komme ans Licht“, halte nicht hinter den Berg mit dem, was du zu sagen und zu bieten hast, tritt aus dem Verborgenen hervor. Lebe nicht wie ein Bettler, obwohl du reich an Gaben bist. Du wirst gebraucht. Enthalte die Lichter, die dir aufgegangen sind, deinen Mitmenschen nicht vor. Tritt ans Licht der Öffentlichkeit damit. Stelle dein Licht nicht unter den Scheffel. Ziehe dich nicht in den Schatten zurück, sondern tritt aus dem Schatten heraus. Reagiere nicht mit Depression, sondern finde Mut.

Das soll ich glauben: Gott führt nicht *hinters* Licht, sondern *ins* Licht. Wenn ich, im Vertrauen auf die Zusage, dass sein Licht kommt und über mir auf*geht*, mich auf*mache*, geht auch *mein* Stern auf.

Mein Stern geht auf. Geht diese Rechnung auf?

Sonntag

Letzter Sonntag nach Epiphanias

Meditationstext: Matthäus 17,1-9 (Evangelium)

deine ignoranz angesichts geöffneten himmels auserwählter wundert mich

Ein großes Erlebnis für die Jünger. Es scheint so, dass es um ihretwillen geschah. Sie sind die Angeredeten. Und es scheint so, dass in dieser Anrede der Schlüssel zum Verständnis des Ereignisses liegt: „Dies ist mein lieber Sohn, an dem ich Wohlgefallen habe; den sollt ihr hören“ (V5).

Ist das nicht klar? Die Jünger hatten offenbar Zweifel, die überwunden werden mussten. Davon lesen wir in den Abschnitten davor. Wer ist eigentlich Jesus? Das war jetzt bei denen, die sich für Jesus interessierten, Diskussionsgegenstand Nummer eins geworden. Und das bewegte auch die Jünger. Jesus suchte das Gespräch darüber mit ihnen, um ihnen zur Klarheit zu verhelfen (Matthäus 16,13-20): „Was sagen die Leute darüber, wer ich sei? Und was denkt ihr darüber? Bitte klärt jetzt mal eure Beziehung zu mir!“ Petrus, der ja jetzt auch dabei ist, antwortete: „Für mich ist klar, dass du der Messias bist.“ Der Befreier Israels, den schon die Propheten vor sehr langer Zeit angekündigt hatten. Auf den sie alle sehnsuchtsvoll gewartet hatten. Jesus bestätigte ihm, dass dies eine sehr wesentliche Erkenntnis war. Aber gleich darauf zeigte sich, dass die Erkenntnis doch noch nicht tief genug ging.

Die Jünger hatten nämlich Erwartungen an den Messias, die gar nicht dem entsprachen, was Gott mit ihm vor hatte.

Darum redete Jesus deutlich und herausfordernd darüber, wie anders sein Weg sein würde, dass er nämlich ins Leiden und in den Tod führen würde, und dass sie, die Jünger, dazu berufen waren, ihre eigenen großen Erwartungen an den eigenen großen Triumph in seinem Gefolge aufzugeben, ebenfalls bereit, einen Weg des Leidens und Loslassens geführt zu werden. Jetzt reagierte Petrus heftig, und er sprach damit wohl auch für die anderen: „Das darf nicht sein! Und denke auch nicht, dass das passieren *wird*. Dieses Mal irrst du dich!“ Worauf Jesus ihm äußerst scharf widersprach: „Was du hier von dir gibst, ist völlig falsch. Es ist geradezu satanisch!“ (Matthäus 16,21-23).

Welcher Teufel ritt den Petrus da? Es kam an dieser Stelle ein bisher mehr oder weniger verborgener Konflikt offen zutage. Zwar erkannten sie Jesus als den Messias an, aber als *ihren* Messias, als den Erfüller *ihres* Programms zur Befreiung Israels aus der Herrschaft der Gottlosen. Dieses Programm hatten sie, die Jünger, nicht erfunden. Sie standen da in einer sehr starken, beschlagnahmenden Tradition: So und so muss das sein, und es kann doch gar nicht anders sein, wenn der Messias kommt! Bis in die Einzelheiten meinte man dieses Programm zu kennen. Denn man wollte unbedingt darauf vorbereitet zu sein.

Das war der Grundgedanke dabei: Der Messias würde das Werk der Propheten des Alten Testaments und des Gesetzes, das durch Mose gegeben war, fortführen und es endlich zur universalen Bedeutung führen und damit das kleine Israel zur Führungsmacht der ganzen Welt. Aber Gottes Absicht war noch viel tiefer. Er sandte Jesus, um Neues zu schaffen, noch nie da Gewesenes. Er sandte ihn nicht nur, um die Hoffnung der Israeliten zu erfüllen, sondern auch, um sehr vieles von dem, worauf sie ihre Hoffnung gründeten, aufzuheben.

Und dazu erhalten die Jünger nun auf dem Berg der Verklärung ihre kräftige Anschauungslektion: Mose und Elia erscheinen und reden mit Jesus - ja, sie sind gegenwärtig, lebendig, das ist nicht nur Geschichte von gestern. Die Sendung Jesu steht tatsächlich in Bezug zu ihnen. Aber anders, als die Jünger denken. Nun kommt die Stimme Gottes: Nicht auf *die* sollt ihr sehen, sondern auf *Jesus* sollt ihr hören. Auf ihn allein! Und dann sehen sie auch niemand mehr als Jesus allein.

Jesus allein! Was bedeutet das für meinen Glauben? Dass *er* mich anspricht und dass ich *ihn* höre und *ihm* folge. Wohin er will, nicht wohin ich will. Dass er mein Leben gestaltet, wie es *ihm* gefällt. Auch wenn ich es nicht verstehe und es mir völlig gegen den Strich geht.

Montag

Letzter Sonntag nach Epiphanias

Meditationstext: 2.Korinther 4,6-10

ich werde
niedergedrückt
aber
ich komme
nicht
um

ich erfahre
bösen
druck

völlig
zu mir
stehend

wahre ich
meine
würde

und
lebe
heute
gern

Das Paradox schlechthin: Aus der Finsternis leuchtet das Licht hervor. Die Finsternis ist das irdene Gefäß - oder besser: Das irdene Gefäß ist in der Finsternis. „Ohn deinen Schein in Finsternis wir alle sein" (EG 7). Gott bringt unsere natürliche Schönheit von innen her zum Leuchten, wie das Teelicht die bunt bemalten Glasschälchen. Die natürliche Schönheit ist auch in der Finsternis vorhanden, aber sie leuchtet nur durch die Gnade. „Denn dein ist die Herrlichkeit" - die Doxa: der Glanz, der Schein.[22]

Das ist die Zumutung: Das irdene Gefäß wird zerbrochen - was habe ich anderes erfahren als schreckliches Zerbrochenwerden? Zerbrochen, damit das Licht richtig durchscheint. Zerbrochen um des Lichtes willen. Das ist meine Ohnmacht. Das provoziert den wütenden Aufschrei in mir wie auch die depressive Resignation: Meine Schale wird ausgepresst - mein irdenes Gefäß ist ja nur Schale, weiter interessiert es nicht. Ich habe die volle Verantwortung dafür, haushalterisch damit umzugehen, damit es immer noch irgendwie zusammenhält - es wird zerbrochen und ich muss es zusammenhalten. Aber es zählt nicht. Es kommt ganz allein auf den fremden Inhalt an. Es ist Transportgefäß des Evangeliums, darin hat es seinen einzigen Sinn, ansonsten ist es Abfall. Kein Christ lebt sich selbst - wir leben und sterben dem Herrn (Römer 14,8).

Warum schreibt Paulus, dass wir uns nicht ängstigen, dass wir nicht umkommen, dass wir nicht verlassen sind? Es ist unwahrscheinlich hart, wenn ich das so formuliere: Weil das Zerbrochenwerden nichts anderes ist als Neuorganisation: Regeneratio et Renovatio (Titus 3,5 im lateinischen Text). Darauf reagiere ich mit höchster Wut, wie ein gequältes Kind, das festgehalten, niedergedrückt wird und diesen elenden Mächtigen, der das mit ihm macht, von oben herab sagen hören muss: „Es ist doch alles nur zu deinem Besten". Das ist der existenzielle Zynismus für mich.

Das ist meine Toleranzgrenze; ich habe absolut keinen Toleranzspielraum mehr. Ich schreie dem besänftigenden „Ach, hab nur noch ein bisschen Geduld" mein ent-

[22] Das griechische „doxa" = „Glanz", „Schein" wird in der Bibel meist mit „Herrlichkeit" übersetzt.

schiedenes Nein entgegen. Geduld ist nicht mein Problem, die muss ich nicht mehr lernen. Die Lektion ist abgeschlossen, die Prüfungen habe ich absolviert. Ich weiß jetzt, was Geduld wirklich ist: Nicht die Geduld des braven Wartens, sondern die Geduld des unnachgiebigen Schreiens. Die Geduld des Jakob am Jabbok (Genesis 32,25-32).

Letzter Sonntag nach Epiphanias

Dienstag

Meditationstext: Exodus 3,1-14

Ich bin nicht am Ende, sondern am Anfang. Gott fordert mich heraus. Gott ermutigt mich durch die Zumutung. Wozu ich meine Klienten immer wieder auffordere, das mutet er mir auch zu: Mein Jericho einzunehmen. Die Frage an sie ist auch die Frage an mich: Wie sieht meine persönliche Mut-Treppe aus? Ich bin entschlossen, von Sieg zu Sieg zu gehen statt von Niederlage zu Niederlage, und ich weiß, dass Gott auf meiner Seite ist. Strategisch besonnen das Land einnehmen! Was bedeutet „Mut" für mich? Worin bestehen konkret die Angriffsziele? Was gilt es zu erobern? Wo sitzt der Feind und wie werde ich ihn überwinden? Nur vom Ziel her zeigt sich der Weg, und nur vom Ziel her ist das Wort „Kampf" überhaupt angebracht.

Er hat das Geschrei gehört, er hat die Not erkannt und erbarmt sich. Er kommt, um uns wirklich und sehr machtvoll zu helfen. So machtvoll, dass es keinen Widerstand gibt, der ihn davon abhalten könnte. Er kommt, um uns in ein sehr, sehr gutes „und weites Land" (V8) zu führen, wo Milch und Honig fließt. „Er kommt, er kommt mir Willen, ist voller Lieb und Lust, all Angst und Not zu stillen, die ihm an euch bewusst" (EG 11). „Über dir geht auf der Herr und seine Herrlichkeit erscheint über dir" (Wochenspruch). Er hat es sich vorgenommen und er setzt es durch. Regeneratio et renovatio - erfahrene, buchstäblich erlebte Rettung aus der Not.

Das Schreien hört er, nicht das artige „Ach ja, aber es ist ja doch auch nicht so schlimm." Das überaus erbitterte, überaus zornige: „Es ist furchtbar schlimm!" „Betet ohne Unterlass" (1.Thessaloni-

warum
behämmerst du
den pflock
der doch schon
so tief
sitzt
noch weiter

die schläge
sind mir
wohl vertraut

sie langweilen
mich schon
ein wenig

es wird wohl
besser sein
dir nicht mehr
still zu halten

ich wende
mich
dem leben
zu

cher 5,17): Schreit beständig. „Geduld habt ihr nötig“ (Hebräer 10,36): Geduld des Schreiens.

Gideons Kämpfer bedienen sich nicht artig mit einem Schlückchen Wasser, sie werfen sich hinein (Richter 7). Lechzen nach Leben. Das ist Jakobs Kampf am Jabbok. Darum findet Esau keinen Raum zur Buße: Weil er ein Mensch des halben Herzens ist. Darum findet der Verlorene Sohn zum Ziel: Weil er mit ganzem Herzen sucht. Mit heißem Herzen. Wer sucht, der findet. Wer schreit, dem wird aufgetan.

Das versteht Mose, dabei wird er bleiben: Dass der „Ich werde sein, der ich sein werde“ (V14), dass der Gott Abrahams, Isaaks und Jakobs der Treue ist. „Dein Name werde geheiligt“, das heißt: Wenn du nicht voran gehst, werde ich keinen Schritt tun.

Mittwoch

Letzter Sonntag nach Epiphanias

Meditationstext: Offenbarung 1,9-18

todeslicht
wahrheit
weh mir
ich vergehe

jähes
ende
aller
illusion

weckruf
endest
grausam
meinen
traum

erst
dann
kommt
trost

ich
fürchte
mich

Das ist ähnlich wie in der Verklärungsgeschichte vom Sonntag. Es gibt anscheinend konzentrische Kreise der Gottesnähe: Einen Kreis, der ungemein beglückend ist, eine paradiesische Erfahrung - „hier ist gut sein“ (Matthäus 17,4). Dahinter liegt aber die Unmittelbarkeit der Gegenwart Gottes, die als äußerst erschreckend erlebt wird: „Weh mir, ich vergehe!“ (Jesaja 6,5). Der Schrecken wird aufgehoben durch das „Fürchte dich nicht“ des Christus. Er ist der Mittler. Ohne ihn gibt es nun einmal keinen Zugang in Gottes unmittelbare Gegenwart. Und ohne ihn sind wir in „Wolken und Dunkel“ und „verzehrendes Feuer geht vor ihm her“ (Wochenpsalm 97).

Der auferstandene Christus tritt aus dieser Heiligkeit Gottes hervor. Aber er tritt nicht hervor, um zu richten, sondern um zu vermitteln, um zu heiligen, um uns dort hinein zu leiten, aus der Unreinheit ins Licht. „Ohne Heiligung kann niemand Gott schauen“ (Hebräer 12,14).

So ist dies die Frage nach meinen Zielen und von daher leitet sich der Sinn meines Kämpfens ab. Damit ich nicht in die Luft hinein boxend meine Kraft vertue, sondern gezielt zuschlage und siege - Überwinder, „getreu bis an den Tod“, um die „Krone des Lebens“ zu erlangen (Offenbarung 2,10), „damit ich gelange zur Auferstehung der Toten“ (Philipper 3,11).

„Der Herr ist nah“ (Philipper 4,5). „Über dir geht auf der Herr und seine Herrlichkeit erscheint über dir“ (Wochenspruch). Was mich davon trennt, kann nur eine dünne Wolke sein. „Wolken und Dunkel sind um ihn her“ (Wochenpsalm 97). Die Wolke brauchen wir, weil wir als unheilige Wesen die Unmittelbarkeit des reinen Lichtes seiner Wahrheit und Liebe nicht ertragen können. Die Wolke ist Gnade, mithin ist auch die Relativität unseres Wahrnehmens Wolke und Gnade. Aber wie wir sie erfahren, macht den Unterschied. „Ihr seid nicht gekommen zu dem Berg, der mit Feuer brannte, und nicht in Dunkelheit und Finsternis und Ungewitter, sondern ihr seid gekommen zu dem Berg Zion und der Stadt des lebendigen Gottes und zu dem Mittler des neuen Bundes, Jesus“ (Hebräer 12,18-24). Wir sind nicht in die dunkle Wolke der Angst eingeschlossen, sondern eingehüllt in die lichte Wolke des Erbarmens. Die Transzendenz im neuen Bund dringt nicht drohend und fordernd auf uns ein, sondern sie führt uns in die Weite, eröffnet uns den Himmel. Licht ist die Wolke, weil das Licht in ihr ist, Wolke des Lichts, die uns anzieht, heimruft, die unser Sehnen aufnimmt und zur Vollendung bringt.

Die lichte Wolke hüllt uns ein, wenn Gott sagt: „Fürchte dich nicht“. Von der lichten Wolke sind wir ganz umschlossen, wenn wir niemand mehr sehen als Jesus allein (Matthäus 17,7-8).

Letzter Sonntag nach Epiphanias

Donnerstag

Meditationstext: Johannes 12,34-41

Der „Menschensohn“: In diesem Namen leuchtet das Geheimnis des Christus auf. Er muss erhöht werden, weil er erniedrigt ist. Er wird erhöht, indem er sich in die tiefste Erniedrigung hinabdrücken lässt. Weil der Menschensohn der Menschenbruder ist. König der Juden, Fürst der Erniedrigten, Allerverachtetster und Unwertester.

Licht oder Finsternis - Menschensohn oder Tod. Wenn ich nicht ihn sehe, ihn, den wahren Menschen, und nicht ihn allein, dann sehe ich den Weg nicht. Er ist das Licht, er ist der Weg.

Scheinbare Sachfragen lenken davon ab, die Wahrheit hier und jetzt zu erkennen. Sie haben die Antwort auf ihre komplizierte Frage vor sich, aber ihre komplizierte Frage hindert sie daran, die Antwort zu sehen. Wahrheit braucht, um wirklich erkannt zu werden, mehr als intellektuelle Einsicht: Sie verlangt Gehorsam. Nicht den Gehorsam, der sich angstvoll duckt und die Augen schließt, sondern das genaue Gegenteil:

möglich dass ich irre

ich fürchte meinen blinden fleck meine finsternis

ich fürchte meine lüge meine einseitigkeit

darum bitte ich inständig um den geist der wahrheit

für mich

kyrie eleison

Das Aufmerken, das Hinhören und Hinschauen, das Wahrnehmen des Gegenwärtigen und die angemessene Antwort darauf.

„O klare Sonn, du schöner Stern, dich wollten wir anschauen gern; o Sonn, geh auf, ohn deinen Schein in Finsternis wir alle sein" (EG 7). „Mache dich auf, werde licht; denn dein Licht kommt, und die Herrlichkeit des Herrn geht auf über dir! Denn siehe, Finsternis bedeckt das Erdreich und Dunkel die Völker; aber über dir geht auf der Herr und seine Herrlichkeit erscheint über dir" (Jesaja 60,1-2; letzter Teil: Wochenspruch).

Im Licht wandeln: Was heißt das für mich hier und heute? Im Dank. Im Vertrauen. Im Bewusstsein der Gnade: „Für uns ein Mensch geboren, im letzten Teil der Zeit, dass wir nicht wärn verloren vor Gott in Ewigkeit, den Tod für uns zerbrochen, den Himmel aufgeschlossen, das Leben wiederbracht" (Wochenlied EG 67). Aufgeschlossen sein dafür, dass der Himmel aufgeschlossen ist. Geöffnet zu ihm hin, abgeschirmt gegen den existenziellen Abgrund. Wenn ich „Kind des Lichts" bin, dann bin ich *beständig* darin. Dann gehe ich übers Wasser. Dann ertrinke ich nicht, auch wenn es stürmt. Dann bin ich geborgen in der Arche. Dann gibt es kein Kentern mehr und erst recht kein Ertrinken. Dann ist der Retter da. „Wir sind von allen Seiten bedrängt, aber wir ängstigen uns nicht. Uns ist bange, aber wir verzagen nicht" (2.Korinther 4,8; Text vom Montag dieser Woche).

Im Licht wandle ich, wenn der Menschensohn mich in das wahre Licht seiner wahren Menschlichkeit zieht. Ich kann nur um Hilfe rufen - retten muss er. Ich kann mein Haupt erheben, weil sich meine Erlösung naht, und das tue ich auch. Ich schaue ihm entgegen. Ich warte auf ihn. „Zion hört die Wächter singen ..." (EG 147). Er kommt! „Ihr dürft euch nicht bemühen noch sorgen Tag und Nacht, wie ihr ihn wollet ziehen mit eures Armes Macht. Er kommt, er kommt mit Willen, ist voller Lieb und Lust, all Angst und Not zu stillen, die ihm an euch bewusst" (EG 11).

„Auf den Gegensätzen beruht der ewige Bestand der Dinge."
Seneca

Letzter Sonntag nach Epiphanias

Freitag

Meditationstext: 2.Petrus 1,16-21

„Lass mich deine Herrlichkeit sehen", sagt Mose, und dann darf er Gott hinterhersehen und die Stimme sagen hören: „Wem ich gnädig bin, dem bin ich gnädig, und wessen ich mich erbarme, dessen erbarme ich mich" (Exodus 33,19). Wie schon bei seiner Berufung: „Ich werde sein, der ich sein werde" (Exodus 3,14). Und das ist nicht „ausgeklügelte Fabel" (V16), sondern absolut verlässliche Wirklichkeit, Weissagung, prophetisches Wort aus Gott selbst heraus. Der Grund, da ich mich gründe. Nichts kann mich scheiden von der Liebe Jesu, auch meine eigene Scheidung nicht. Das ist der sichere Boden, auf dem ich stehe, und wenn es im Eis knackst, dann brauche ich mich so wenig zu fürchten wie Petrus vor den Wellen, „denn du bist bei mir".

weissagung
weises
sagen

wenn es
wirklich
weise
ist

dann
ist es
klar

dann
gibt es
nichts
zu deuteln

ja

amen

Hoffnungslicht - genug zum Leben. Das Licht am dunklen Ort nimmt die Dunkelheit nicht weg. Der Morgenstern kündet vom Licht der Sonne selbst. Es wird Tag - Stern der Erlösung. Erhebet eure Häupter. Meine Seele wartet auf den Herrn, mehr als die Wächter auf den Morgen. Der helle Schein in unseren Herzen, das Kerzenlicht in der Nacht, wandelt die dunkle Wolke zur lichten, wie geschehen auf dem Berg der Verklärung: „Und es überschattete sie eine lichte Wolke" (Matthäus 17,5). Und dann sahen sie niemand mehr als Jesus allein. Jesus allein, das ist mein Licht in dieser Dunkelheit. „Sei unverzagt, bald der Morgen tagt, und ein neuer Frühling folgt dem Winter nach" (EG 640). Das Licht in dieser Dunkelheit ist nicht Vertröstung, denn es leuchtet wirklich. Es macht den Unterschied. Es ist wahrer Trost. Der Trost, der mich nicht verzagen lässt, obwohl ich bedrängt bin von allen Seiten. Es ist kein flackerndes Licht, kein glimmender Docht, es ist wirklich heller Schein. Und trotzdem bleibt die Dunkelheit, und sie ist auch Dunkelheit des Erkennens. „Wir sehen jetzt durch einen Spiegel ein dunkles Bild; dann aber von Angesicht zu Angesicht" (1.Korinther 13,12).

Mir dämmert, warum mir die Kerzen so viel bedeuten.

Kalender des Weihnachtskreises [23]

	2012/13	2013/14	2014/15	2015/16	2016/17
1. Advent	02.12.	01.12.	30.11.	29.11.	27.11.
2. Advent	09.12.	08.12.	07.12.	06.12.	04.12.
3. Advent	16.12.	15.12.	14.12.	13.12.	11.12.
4. Advent	23.12.	22.12.	21.12.	20.12.	18.12.
Christfest	25.12.	25.12.	25.12.	25.12.	25.12.
	Dienstag	Mittwoch	Donnerstag	Freitag	Sonntag
1. So. nach d. Christfest	30.12.	29.12.	28.12.	27.12.	
Jahresende	31.12.	31.12.	31.12.	31.12.	31.12.
	Montag	Dienstag	Mittwoch	Donnerstag	Samstag
2. So. nach d. Christfest		05.01.	04.01.	03.01.	
Epiphanias	06.01.	06.01.	06.01.	06.01.	06.01.
	Sonntag	Montag	Dienstag	Mittwoch	Freitag
1. So. nach Epiphanias	13.01.	12.01.	11.01.	10.01.	08.01.
2. So. nach Epiphanias		19.01.	18.01.		15.01.
3. So. nach Epiphanias		26.01.			22.01.
4. So. nach Epiphanias		02.02.			29.01.
Letzter So. nach Epiph.	20.01.	09.02.	25.01.	17.01.	05.02.

[23] Quelle: www.eike-fleer.de/kalender01. Hier finden Sie auch den Kalender der weiteren Jahre.

Verzeichnis der Bibelstellen

Printed by Books on Demand GmbH, Norderstedt / Germany